In un Attimo e con un Sorriso

– Considerazioni anche Metafisiche -

di sergio valota

Copyright © 2015 di Sergio Valota

tutti i diritti sono riservati , è vietata la copia, anche parziale

e con qualsiasi mezzo effettuata; quest'opera è protetta

dalla Legge sul Diritto d'Autore.

sergio .valota @ libero .it

http:// sergiovalota .jimdo .com

I°   E d i z i o n e   * M M X V *

Dicembre 2014

PREFAZIONE

Una delle migliori soluzioni alle domande fondamentali della Vita (e quindi come asserisco io : della Metafisica) è di lasciarsi condurre dalla propria curiosità, attraverso la quale è possibile definire la propria soddisfazione alle molte e infinite domande che mai hanno dato, danno e daranno una definitiva risposta di sè e del mondo interiore rispetto al semplice fatto ed esteriore di esistere.

Innegabile e in grande stile, molti Esseri prima di me hanno dato delle loro risposte, benché secondo me, poco esaustive e complete in molti punti, e come disse qualcuno sia opportuno lasciarle nella loro quiete ignoranza.

Da Aristotele a Kant, da Arthur Schopenhauer a Locke, da Hagel e mi perdonino tutti gli altri compreso il mitico S. Freud e Nietzsche, a soddisfare in parte le domande principi.

Innegabile che nel loro divenire, tutti si sono appoggiati a letture e pensieri altrui , e nella storia dello scibile Umano hanno trovato la curiosità' di leggere per comparare la loro privata visione dei fenomeni, del dubbio, degli enti e cosi via sino a porsi in chiaro delle domande .

Nella mia pochezza, proverò' a definire in quel luogo che son giunto e che mi pare di aver sentito in me, ponendomi probabilmente le stesse cose.

Kant direbbe nella mia e propria immanenza, all'opposto e in rispetto al trascendentale del Creato : che mai appunto si svela.

Chiedendo venia alla Signora Metafisica, e mi auguro che mi tenga sempre sotto la Sua Maestà in continuo; chiedo quindi perdono a Lei , se nel qui presente tomo di Vita scadrò in modo scherzoso e semplice alcune volte, definendo la mia visione anche in qualche caso in modo burlesco in questo piccolo pamphlet : tutto mio; la Vita è anche questo.

Infine dando un carattere narrativo ho cercato di semplificare ciò che pare ed è ostico : il pensare alle domande fondamentali, cercando di esporle come se ne stessimo parlando a voce davanti ad un bicchiere di vino. Senza pretendere che questo dialogare abbia un effetto maieutidico a nessun lettore.

A Te che mi leggi : immagina il mio modo di vedere, sentire ed ascoltare quella grande cosa che è la Vita e confrontala con la tua e Buon viaggio.....

<u>D e d i c a</u>

L'Uomo ha molti poteri , uno dei poteri è quello di

far morire gli Dei che non gli servono più.

Dedico quindi questa mia a tutti gli <u>Dei ormai</u>

<u>*morti,*</u> *che furono : supplicati e pregati dagli*

Uomini .

Alle Divinità che ora sono scomparse e ricordate

solo dalla storia umana, esse non sono più

ne Amate ne Temute ,

benchè ciò,

<u>*tutto scorre sempre e comunque.*</u>

<u>Un sentito Ringraziamento a:</u>

A mio Padre Egidio e a mia Madre Maria,

A mia Figlia Stella che è in mia attesa ,

Alle mie sorelle : Serenella e Sabrina e loro compagni di Vita ,

A tutti gli uomini di buona Volontà che amano il " fare e pensare " con coscienza , libertà e razio, come il mio Maestro Mario Donizetti.

A mio Figlio Marco, revisore del presente mio Pensare ed Indagare la Vita così come a me appare ....

Infine a mia Figlia Giada, costante sua presenza nel mio interiore divenire.

Indice

(1)
della Storia

Iniziamo dicendo che la Storia è un conservante dei fatti, fatti accaduti da un lato nella sua forma accidentale, naturale e organizzativa.

Dall'altro lato il calvario del pensiero spirituale umano, attraverso domande e curiosità cercando in un inerte solitudine ricche risposte nella sua infinita e inconsistente opacità.

La Vita così diviene un Mistero, che avendo preso nel suo seno il pensiero Metafisico alla risoluzione delle domande Eterne è divenuto esprimibile in una serie di danze tra domande e possibili tentativi di diverse risposte che creano ulteriori dubbi.

Si dice che la storia e' sopratutto scritta dai vincitori, ma a me pare che di vincitori non c'è ne siano affatto nella crema del pensiero e la Vita di ognuno di noi scorra e finisca in un Attimo senza varianti alcune.

Da qui in poi appare il nesso che essendo originale e puro il suo divenire è rimasto senza alcuna spiegazione o risposta decisiva e risolutiva alle domande da cui sono scaturite se non quella forse di dare degli indirizzi probabili alla stessa soluzione

E' naturale che ogni cosa si evolva, si modifichi, si trasformi, nello scorrere del suo Tempo in qualcosa d'altro.

Cosi non lo è per la Metafisica, che dalla sua origine e' rimasta ferma, fissa su se stessa, elargendo al pensiero solo una certezza: farsi ulteriori idee, teorie, visioni nel tentativo di svelarsi definitivamente in una risposta ampia e sopratutto certa.

In alcuni tratti la Metafisica pare che divenga in se stessa, autogestendosi senza cedere sillogismi costruttivi suoi.

Nel suo essere la Metafisica pare si completi senza nulla lasciar trapelare e accogliere nel suo " di fuori ", una specie di autodeterminazione e coscienza di sè in un puro assoluto " trascendentale".

Alcuni grandi pensatori (Umani) hanno cercato   sistemi e metodi per risolvere la possibilità di una risposta; a parere mio , pare che ciò' non abbia fatto altro che diluire e o archiviare in altro modo ciò che già' era stato detto o argomentato senza giungere al confine dell'orizzonte del pensiero umano.

Alla fine si sono aggiunte solo pagine allo stesso libro oscuro della Metafisica.

Come credo non si sia ancora trovato il cardine delle proposizioni logiche e dei meccanismi principali : ove una risposta ad una domanda sia completata, e soddisfacente in sé .

Alcune volte appare che le domande abbiano perso anche la loro primitiva semplicità, arroventandosi su vocaboli altisonanti, storti e arricciati che aggroviglia il proprio cervello.

E' quindi nella semplicità del pensare che sarà' più facile dipanare quanto possibile ciò' che non e' ancora possibile concepire sia sotto l'aspetto grammaticale che appunto di <u>logica</u>.

Per esempio dal puro Assoluto al pensare all'Entità definita con il vocabolo " Dio " mi pare breve tanto per partire a disquisirne una.

Nel suo stare la Metafisica è pervasa da un intricare di " vuoto – pieno ", in collegamento a quel Dio ancora sconosciuto, infinitamente finito per noi, che non ha nome in quanto come in molti libri teologici si afferma

" il nome di Dio e' talmente grande che non si possa ne pronuncialo ne scriverlo."

E' un modo simpatico per dire che non lo si conosca affatto , perché ancora intimamente sconosciuto secondo me.

Ho poc'anzi affermato " infinitamente-finito" nel senso che il concetto e' enorme *infinitamente* grande ma e' *finito* nel senso che oltre una certa misura e' per la nostra mente impossibile andare oltre.

E' tutto qui a quanto pare il pensiero umano è giunto, tutto il resto è uno stirare pensieri e soluzioni, congetture e stili nel tentativo di acquietarsi interiormente.

La stessa Storia Umana non ha memoria di sé se posta nel Creato, infatti il Creato non ha memoria di sé.

È solo all'uomo data la possibilità di scrivere la propria storia nella storia che ha dato al Creato stesso : ma sempre nella sola condizione umana.

Benchè serva a poco il più delle volte allo stesso uomo che continua a commettere errori anche se diede carne ai pensieri e idee sue attraverso suoni (parole) e segni (scritti), nel ripetersi degli errori commessi in un tempo che non c'è più e ha lasciato traccia nella propria storia.

Risulterebbe quindi che nel e al Creato non importi molto della sua grandezza o estensione , neppure dell'accaduto prima rispetto al prossimo accadimento , tutto è sensa storia, tutto è quindi senza tempo.

Mentre il fondamento della Storia che si è costruito l'uomo intorno a sé ha come base il tempo, tempo stesso umano e solo umano.

Nei capitoli suoi l'atavicità ha come capitoli poi, d'essere sempre scritta dai vincitori, togliendo anche ogni possibile senso di verità assoluta.

Ergo , la storia umana è falsamente vera; dovrebbe essere presa come indirizzo generale sui fatti senza darne ragione a nessun attore o bisarcavolo chi che siano i medesimi e delle loro ragioni.

(2)
<u>Eternità - DIO</u>

Un altro punto per esempio e' il concetto dell'Eternità, Kant lo avrebbe definito *" puro "*.

Puro quindi è tutto ciò che non è inquinato da altro che da sé *stesso*.

In molti hanno tentato di darsi una spiegazione o definizione logica dei due concetti : tra l'Eternità e il Tempo.

Nel pensiero umano non si riesce a porre nel concetto Eternità un prima e /o un dopo, con tutta probabilità dico io, è perché non ci sia ne un prima ne un dopo.

Mi sovviene pensare che anche qualora l'Eternità fosse ciclica (Nietzsche ed altri nel loro pensare) e anche come valutate in alcune Religioni, dovrebbe avere sempre un inizio e una fine <u>prima</u> di riprende la sua ciclica.

Nascere da qualcosa o in un punto e finire in qualche stesso modo o un suo diverso : è un concetto umano, il che non significa assolutamente nulla rapportato all'Eternità.

A quanto pare invece l'Eternità è qualcosa di sospeso, scollegato da qualsiasi cosa , dal tutto ad esclusione dell'altro concetto umano e cioè a ciò che può essere *" Dio "* .

A mio modo di pensare, pare invece che l'Eternità sia intimamente collegata a Dio.

Dio non ha un inizio ne una fine, non e' appunto generato da nulla e da nessuno , quindi e' e rimane un'altro punto posto li nel nulla assoluto e sconfinato nel nostro pensare in qualcosa non come l'Universo che si allarga per far Spazio alla sostanza di espandersi, ma in qualcosa d'altro o di diverso.

E' probabile che   l'Universo si allarghi in proporzione al suo aumentare espandendosi in qualcosa d'altro ancora.

Cosa che non avviene per " Dio " per esempio, nel nostro pensare.

Non credo che qualcosa che non ha inizio, un durante e una fine possa spiegare un concetto come e' l'Eternità o Dio.

Se cosi e' l'Eternità, allora non può avere un calcolo, se non e' calcolabile numericamente allora significa che non è possibile classificarlo come fenomeno Temporale ma sia qualcosa d'altra la sua specie.

Stabilire cosa o cercare di dipanare il pensiero dell'Eternità si dovrà pensare ad altro e in altro modo che sino ad ora fatto; quanto trovato sinora e' molto deludente e sterile perlomeno non soddisfa me stesso e non credo neppure voi.

Mi piacerebbe pensare che all'Eternità fosse possibile applicare una nuova visione del Big Bang che alcune nuove teorie scientifiche stanno studiando, anche se ciò non ci porta alla risposta risolutiva della domanda chi è e /o cosa sia Dio.

Ecco null'altro che altro mistero : il Bing Bang dal quale e' stato ottenuto in una sequenza accelerata ciò che da quando teniamo nota

(documenti storici) risulta ora; esso si modificherà e trasformerà con il trascorrere del _suo_ Tempo.

Si afferma che al primissimo inizio del Big Bang sia nato anche il Tempo e io qui affermo che si sia instaurato in qualcosa che già' esisteva e cioè' l'Eternità.

A questo punto si deve evidenziare due domande :

a) *indipendentemente da dove venisse tutta questa materia e qui nascerebbero altre domande, tipo : da chi e' stata creata, come sia possibile che tutto un immenso Universo fosse compresso in un punto piccolissimo posto in un punto qualsiasi in un vuoto assoluto e infinito. Tutto molto e infinitamente piccolo : comprese le famose stringhe, creando anche uno Spazio assoluto nel quale porre il tutto, nel quale nulla c'era : possibile che possa essere bastevole ciò al nostro pensare per definire una tale identità ?*

b) *è possibile che anche il Big Bang sia un fatto ciclico ? Benché ciò fosse anche vero, tutta questa ciclicità dovrebbe avere un inizio e una fine e quindi non facente parte del concetto di Eterno ma di Creato da qualcuno o qualcosa che non possiede un inizio e quindi non ha una fine del suo Essere.*

E' sicuramente come dice anche Locke necessario porre il concetto dell'Eternità nel cassetto della Quiete Ignoranza, in quanto lo stesso concetto non ha soluzione alcuna ?

Una certezza comunque c'è' : l'Eternità non è quella cosa che sinora abbiamo pensato.

Parrebbe poco ma sapere che non ci sia un risultato ci induce al proseguire e cercare : non poca cosa conta il fattore umana curiosità.

Ci sarà sicuramente una soluzione nel nostro modo di pensare all'Eternità ma sicuramente va al di la della nostra comprensione, benché inquietante è una *Verità' Assoluta quindi Pura e irrisolvibile.*

Ed eccoci ad un'altro concetto/termine molto ostico : la Verità.

Della Verità si può dire di certo che al di fuori del suo aspetto estetico, di flora e fauna, ecct, interessi solo all'Uomo.

A parte poi che nell'Universo esistano altre forme di Vita o Soggetti pensanti, sempre che gli stessi abbiano gli stessi nostri parametri logici e purché siano anche per loro interessanti le nostre curiosità come : chi siamo, da dove veniamo e dove andremo, ne consegue tutta un'altra serie di considerazioni tipo il prossimo dire mio.

Che motivo ci sia al fatto di essere qui ora e proprio in questo periodo storico umano , in questo Tempo, perché' succedono certi fatti ora, cosa determina una serie di altre cose rispetto ad altre, etc.

Abbiamo avuto già con Cartesio *"cogito ergo sum"* una certezza c'è, ed è cioè' che di certo : *esistiamo.*

Parrà ridicolo per la maggior parte delle persone , ma non è *proprio così* semplice sapere con certezza che attraverso una ragione e *un nostro pensare* noi viviamo.

Aggiungerei che sotto certi aspetti Kant scopre che " *saper aude*" e quindi utilizzando la magnifica potenzialità della nostra materia grigia, possiamo vedere qualche superficie tridimensionale in più di questo nostro Essere.

Nei nostri meccanismi mentali viene posto un posto speciale nell'universalità e cioè di essere lo sperimento preferito dell'Eternità e probabilmente anche di Dio.

Non esiste prova o certezza assoluta, anzi potremmo anche affermare in base a molte ipotesi scientifiche che la specie umana si estinguerà per un motivo o un'altro, come e' già' successo per i dinosauri qualche Tempo fa ; quindi in questo momento continuo tutto è transitorio : come tanti progetti che si svolgono, sviluppano e si esauriscono per una fase successiva : diversa o simile ma non uguale.

Altrettanto succederà all'Universo così come lo conosciamo : benché in forte espansione nel vuoto dell'infinito, avverrà che tutte le stelle si spegneranno, l'infinito sarà completato dal freddo concetto del nulla e nel freddo a oltre meno oltre 280 gradi di temperatura e badiamo che questa e' una delle tante variabili applicabili all'Universo; esistono schemi e altre tendenze infinite di dinamiche su tale Soggetto nel nostro Pensare.

In questa ipotesi l'Universo in quel freddo, bloccherà gli elettroni di tutti gli atomi, cosi avverrà che il Tempo finirà e null'altro che Verità, Eternità e Dio esisterà e ciò non significa il nulla ma il vuoto-pieno.

Credo sia pertinente il mio pensare che il Tempo essendo nato insieme alla nascita del Big Bang sia una sorta di materia che pervade profondamente in ogni parte del tutto.

Che poi noi abbiamo trovato comodo il numerarlo con una serie di cadenze o frazioni di questa forza e' una nostra necessità, non tale può essere per l'Universo-Entità.

Infatti credo sia con sufficiente ipotesi di regola logica asserire che se ad una certa temperatura tutto si ferma compreso il Tempo, può' significare solo che il Tempo suo stesso e' parte di quella cosa : quindi abbia e sia parte di un che di materiale.

Il fatto che poi attraversando il Tempo, lo scorrere appunto del Tempo le cose si modificano cambiando, può significare solo che questa forza ha un'altra caratteristica e cioè che ha il potere di consumare-trasformare per cosi' dire la materia stessa : per esempio l'uomo invecchia in qualcosa d'altro.

Non e' poi cosi semplice poter anche solo immaginare una simile situazione con attori cosi' prestigiosi come Tempo e Spazio, ma di sicuro e' un'ulteriore possibilità di pensiero.

Basti pensare che nella fisica quantistica è ormai confermato che le particelle formanti le famose Stringhe a secondo di come si osservi un tale esperimento le particelle si comportano in modo diverso.

Vorrei sottolineare che " ……...… a secondo di come le si osservi…………" ecco che succede :

Viene lanciata una particella contro una parete avente due fori distanti tra di loro .

L'osservatore vedrà' la particella passare da entrambi i fori benché' sia una sola particella, una unità sola indivisibile passa attraverso due diversi fori.

Ancora più incredibile : se l'osservatore non guarda la _particella si trasforma_ in onda e quindi diviene normale che possa passare attraverso due fori distanti tra di loro.

Il massimo e' quando si asserisce che nell'elementarità' della materia stessa, una particella possa essere in posti diversi nello stesso momento, rimanendo unica particella.

Allora se ciò' fosse possibile sarà possibile anche al pensare di Lorenz (famoso per il suo trattato del fenomeno " l'imprinting " delle oche e dell'intelligenza delle taccole Coloeus monedula), il quale non sbagliasse quando penso' che _un battito errato d'ali di una farfalla di qualsiasi specie, st_ante _nella foresta amazzonica potesse causare un terremoto dall'altra parte del mondo_.

Personalmente non escludere che da tutte queste cose ci sia in tutto ciò una certa dose di _una specie di Intelligenza_ , mi pare innegabile.

Pare quasi che l'accidente non voglia sconfessare la propria soggettività, e non voglia svelarsi mai comunque.

Ovviamente dopo tutto ciò e subito, viene in mente la presente domanda : perché l'uomo è cosi' interessato alla Metafisica e del suo essere ora, qui e violenta così la nostra materia grigia?

Contornato dalla Signora Scienza, con metodi, procedimenti, prassi e prove, scoperte o per meglio dire dipanature senza uscirne con una risposta.

Una risposta qui forse c'è, e' probabile che sia proprio nella sua Natura, insita fin dall'inizio del suo primo vaggito, senza alcun motivo evidente oltre al fatto che cosi' e'.

In noi esiste questa grande forza che e' il pensiero, l'arguzia,la logica che tanto è stata usata sin dalle sue origini : Indagando nel <u>passato</u> nelle loro menti pensieri e argomentazioni son giunte a noi trasformate in grandi tomi, spiegandoci il loro modo di vedersi e vedere il fuori loro.

Da Socrate e poi dai suoi allievi : Platone e dal mirabolante Aristotele per dirne alcuni, e via via sempre più su', attraversando il Tempo sino agli attuali pensatori conosciuti e sconosciuti e che verranno; tutti hanno cercato e indagato nel loro Tempo pagano di sé, in tutta questa mirabilia.

E' sempre stata una sfida per l'uomo cercare in sé delle risposte alle proprie domande, tra l'immanenza e la trascendenza come afferma anche Kant, cercando come strumento di utilità la logica del suo pensare basato sull'Esperienza.

Il Pensato che è cresciuto in tridimensione, e sempre più in profondità è andato e sempre mai ha risolto con soddisfazione alcuna cosa.

Forse di dovrebbe utilizzare dei ragionamenti non convenzionali ?

Quali ?

Incerto e' persino la tridimensione nella quale noi viviamo, la realtà ha molte sfaccettature. Un dimensione fatta di : X, Y e Z , + 1 se parliamo dello spazio; come si sà in quanto per andare nello spazio occorre anche la 4° e cioè la diagonale della sospensione o punto in uno spazio cubico sugli altri tre assi /dimensioni.

Lo scienziato-matematico Marcus De Sautoy nella sua opera (Il disordine perfetto) parlando di poliedri ha supposto una struttura da lui definita "mostro" avente milioni di superfici perfettamente simmetriche, raggruppate in una sola entità pari a 808.017.424.794.512.875.886.459.904.961.710.757.005.754.368.000.000.0 00 di simmetrie.

Qui è innegabile l'eleganza che può avere per noi una simile entità, speculare e cristallina di sé, sospesa nell'energia del nostro piccolo pensare senza confusione.

Comunque cosi l'uomo conosce solo alcuni aspetti della sua realtà, ma di sicuro la realtà e' un mostro ancor peggiore sotto molti aspetti benché tangibile in sè per noi in questa nostra dimensione-realtà nella quale agiamo e pensiamo : sognano e progettiamo.

Possiamo immaginare quindi che mostro sia la nostra interiorità' con la caratteristica che ha di essere impalpabile e fatta di _soli pensieri_ .

Collegandomi a quando espresso sopra e' come dire che conoscendo qualcosa di tangibile come i numeri, ordinati e precisi eccetera, che qualora posti in certe forme gli stessi divengono a prima vista casuali con un risultato incomprensibile in quanto non più gestibile da noi stessi e complicati anche dalla fredda tecnologia dei computer.

In questo contesto mi aggrada molto ingaggiare un'altro concetto e cioè ciò che può significare l'uomo con base di carbonio con il compiuter a base di silicio.

Con uno O e un 1 ovvero con _un vero e un falso_ e quindi per meglio ancora dire _" se ..../allora ....."_ l'uomo ha avuto la grande possibilità di poter attraversare le profondità dell'elaborazione veloce dei computer delle proprie speculazioni e incognite fatte di numeri ,calcoli etc. risolvere alcuni nostri quesiti all'implicazione logica.

A poco è valsa la nostra immensa pochezza tutta quella tecnologia per l'aspetto " pensiero "; il pensiero pare un Miracolo allora.

Grande movimento di somme , grande risparmio di energie mentali e Tempo ma, nessuna presa in tutto ciò che ruota nella dimensione del puro pensare, creare in un certo senso lo : Spirituale.

Non voglio qui rischiare di pensare benchè fattibile che un giorno questo caso possa invertirsi e che il silicio possa attraverso il carbonio poter pensare, cogitare e innamorarsi in un Tempo che non mi mette a mio agio e non mi tranquillizza assolutamente: il silicio potrebbe avere un contesto di immunità al Tempo, mentre l'uomo ne è succube.

Anche questo aspetto mi mette a disagio : una nostra creazione che prende il nostro posto ; di difficile realizzazione, ma non è scontato neppure l'inverso.

Comunque sia ritornando a noi, in questo breve Tempo (da Socrate in poi perché' lo stesso è considerato il Padre della Filosofia) in quanto è una semplice inezia rispetto all'Eternità , sono state sondate tantissimi aspetti di una stessa visioni metafisica, con diversi risultati, e mai una risposta definitiva.

Anche con diversi setacci nella storia umana un determinato concetto ha preso un significato diverso, tanto da sembrare nuovo, benché fosse sempre originato dalla stessa _fonte e domanda_ in epoche storiche diverse , pur vero.

Per sondare tutto ciò, sono stati scritti migliaia di libri utilizzando sempre il fattore che non può cambiare mai e cioè' la "logica".

La logica è uno strumento che _non cambia mai,_ non ha necessità di essere migliorabile in nessun senso o in qualsiasi possibilità : è un valore assoluto come l'Eternità, Dio, etc. per le nostre riflessioni esasperanti della comprensione sua medesima.

Sta di fatto che lo scibile umano _fa a sé,_

ed è in sé e SOLO per sé.

Da qui analizziamo tutto ciò che è fuori di noi, con il nostro pensare come se fosse tutto in una bolla.

In questa nostra sfera esistono miliardi di regole, ma ne esiste una che e' quella principale e cioè : noi pensiamo che le nostre regole siano valide per forza anche a tutto il Creato.

Il dire umano per esempio " la nostra terra " ne è un esempio chiarificante ma ne il pianeta Terra, ne l'Universo ci appartiene in quanto tutto transigente e noi stessi facenti parte integrale , comunque non necessaria al suo globale funzionamento.

L'Umanità intera è una parte e appartiene e fa parte della Natura e non l'opposto.

Possiamo sfruttare ciò' che c'è', possiamo trasformarla ma non crearla, con le nostre capacità possiamo utilizzare ma non ci appartiene in nessun Tempo passato ne presente ne futuro e in nessuna sua fase temporale, quindi di tutta la Sua Storia.

E' pur vero che esistono più aspetti veri di una Verità, praticamente credo che esistano molti aspetti diversi di una sola e stessa Verità';

non credo che la Verità' abbia una dimensione a un solo asse, ma abbia più facce come un diamante e probabilmente è un mostro di dimensioni o sfaccettature tipo quella di Marcus Du Sautoy.

Ogni faccia, ogni superficie ha un aspetto diverso di interpretazione della stessa Verità' , per capirci meglio è come con piccole varianze della stessa melodia possa cambiare tutta una canzone in una molteplicità sicura.

Proseguendo in tutto ciò pare che tutto sia _relativo,_ non abbiamo strumenti mentali diversi dalla logica che ci consentano di avanzare oltre nella nostra dinamica di pensiero.

Pare che possiamo solo indagare sugli aspetti che toccano i nostri cinque sensi e pochissimo d'altro che riguardi altro.

Benché e come : in quello che è posto nel _soffio_ Divino e cioè _" Anima "_ non per tutti gli stessi parametri per un pensiero danno gli stessi risultati a tutti, questo è ovvio mi pare.

Nota: il termine Anima deriva da una parola greca antica che significa Soffio Divino.

Probabile è che le formazioni Religiose, di Esperienza, etc, di ogniuno di noi, diano note diverse alle stesse soluzioni trovate o sfumature diverse della cosa stessa, ciò credo sia innegabile ed evidente per tutti.

Nell'evidenza delle diversità poi potremo scoprire il loro stesso limite e nei risultati che abbiamo ottenuto : obliandoci di noi stessi.

Quindi è molto difficile per chiunque produrre una rappresentazione oggettiva, unificante l'uno con un'altro elemento di pensiero; con o senza l'impulso di uno, rispetto all'altro/a, ed **è** una sensazione poco piacevole non riuscirci perché siamo abituati ad immaginare tra l'altro ciò' che pensiamo o identificarlo in qualcosa all'esterno nostro.

Al rigore di una vita sostanziale è necessaria una acquisizione di cognizioni principali e viste generali, ponendo quindi attenzione al confutare elevandoli fino al pensiero della cosa stessa e nella cosa stessa porre il fattore : Esperienza.

Posso immaginare che non sia molto semplice intendere l'esposto ma e' anche difficile spiegare illustrando come attraverso un'intuizione si debba sentire nel proprio interiore il Tutto, l'Assoluto al quale la nostra Esperienza non ha molti chiarimenti da fornire per la sua traduzione.

Gli esiti sono sempre e solo : risoluzioni incerte e prive di contenuti solidi.

Cercare di sapere dalla filosofia e in modo particolare nella Metafisica, cosa siamo per esempio, è necessario porre il tutto attraverso : la Bellezza, il Sacro, l'Amore, etc e i loro opposti.

 Quindi non nella necessità della cosa stessa ma, l'entusiasmo della forza che sostiene e comunica la ricchezza della cosa stessa o del Tutto stesso.

Molte volte per esempio mi ritrovo a guardare (non osservare) il cielo che sia giorno o notte, immagino quanti pensieri ci possano essere e mi ravvedo in certe occasioni che la maggior parte delle persone non ne godono, hanno smesso ignobilmente di alzare gli occhi in quel cielo che e' già' stato osservato da tutte le persone che ci hanno preceduto, che verranno e così via : costruendo un ragionamento, qualsiasi sia esso.

Là sono state poste dei tesori; lassù, come il senso presente di questo mondo rispetto a lassù con l'Essenza Divina che attraverso le nostre congetture abbiamo cercato di trattenere in noi con delle appercezioni illuminanti.

Quante Vite sono state illuminate e quante al buio sono rimaste ?

E' un meccanismo sofisticato questo che compone poi come risultato il nostro senso dell'aldi qua rispetto ad un cielo che non ci appartiene , ne per Esperienza ne per altro se non per elevarla ad una semplice combinazione di gas.

E' lo Spirito, profondo, grande che ci dà la misura attraverso la quale e' possibile espandendosi e sopratutto perdersi mentre cerca di dispiegarsi in sé.

E' un capriccio umano e forviante quello di trasportare lo Spirito come in un sogno, descrivendolo e analizzandolo tramite la scienza.

Ed essere accecati di mera ignoranza in quanto si fa solo fermentare dei dati nudi e crudi al qualcosa che cosi ha i fili tagliati non comunicando più null'altro che la staticità del suo essere : sé e così.......

All'opposto dello Spirito, del Pensare che e' un continuo ribollire nel non determinato presentimento dell'ignoto, del diverso che si muove in avanti a noi : senza sosta e indifferente a noi.

Alcuni hanno posto questo mio pensare nel termine Coscienza, forse, potrebbe anche essere così.

Ma la coscienza ha senso di sè se così è ?

Personalmente credo di si benché questo concetto è stato affettato tante e tante di quelle volte che ormai è un'impresa tenere un filo conduttore tra gli affettamenti e le fette stesse .

Incomincia a mancare il materiale per poterlo affettare altre volte, senza un risultato concreto.

Abbiamo la speranza attiva di poter controllare ogni fetta, ogni azione di taglio e ogni strumento o metodo usato e molte volte non ricordiamo che forma avesse prima della sua analisi o fetta o azione dell'affettare : perchè troppo frazionato in ultima analisi.

Forse eventi evidenti in certi momenti o casi a sé stanti, ma non continui e sicuri.

Abbiamo in tal senso un esempio sontuoso, in Francia e vicino al paese di Lascoux furono trovate delle grotte nelle quali 15/20.000 anni fà degli uomini dipinsero le pareti stesse con figure di mammut, uomini, scene di caccia in modo mirabile.

Di tutte le immagini c'è ne fu una che mi lasciò stupito nei suoi signficati che io intravidi.

Ancor oggi sarebbe considerata una grande opera d'Arte moderna tra l'altro, a significare forse quella fievole lucina che brilla in ognuno di noi da che ne abbiamo coscienza esiste anche oggi.

Era la raffigurazione di una mano ottenuta attraverso un sistema semplice ma efficace e significativo.

L'uomo pose nella sua bocca dell'acqua colorata con qualche

sostanza e la soffio sulla roccia, *ed era di un colore*, poi ne prese dell'altra di *un altro colore* e ponendo la sua mano sulla roccia colorata dal primo colore *ci soffio sopra : il risultato fu semplicemente suntuoso.*

In questo io ho sempre visto l'autocoscienza di sé e il primo bagliore di cercare di unire il suo sé al sé del mondo che non era ancora palpabile, descrivendolo in una semplice immagine, cioè la sua propria esistenza e presenza in un mondo non più nostro.

Non posso sapere se l'idea di sé e l'idea del fuori di sé non fosse da Tempo già' sgrossato da altri o incroci di altri pensieri di altre nozioni e di altri processi mentali.

Da qui però mi pare pertinente pensare che ci fosse già un concetto della Coscienza di sé che possa portare ad un pensiero più' alto e cioè' lo Spirito e il Timore o a Dio.

A quel Tempo probabilmente la divinità era un mammut o una zebra, ma, in quel pensiero si muoveva già' il senso dell'infinito fuori di sé e il finito buio e silente dentro di sé.

Le domande erano sempre e comunque le stesse di oggi anche s*e lo mastichiamo in altro modo, cioè in moderno linguaggio.*

Rammento poi, anche che in un'altro luogo furono scoperte delle tombe preistoriche di un periodo successivo a quello di Lascoux.

In queste buche preistoriche, furono trovate oltre a qualche resto osseo, parti di tessuto o pellame e anche (incredibile) quanto rimaneva di un *piccolo mazzetto di fiori*.

Ora questa traccia non lascia molto spazio alla casualità del fatto oggettivo in sé del suo significato.

Soggettivamente qualche essere umano ne raccolse e ne fece un mazzetto , lo pose vicino al deceduto prima che venisse sepolto : perchè *fu proprio sepolto* sotto terra.

Sepolto significa : cura e quindi sentimento legato a pensieri di attenzione e già digeriti nel profondo del pensare all'ignoto.

C'è una sola visione e interpretazione del fatto oggettivo secondo me e cioè' la coscienza di sé. rapportata attraverso lo Spirito ad un sentimento che scorre sino all' Al di là e al suo timore.

Sin da allora quell'essere avrà avuto una serie di sensazioni come lo è anche oggi, si sarà sentito sopraffatto senza sentirsi appagato delle *credenze e usanze* del suo Tempo.

Anche quell'essere avrà avuto l'esigenza di andare oltre, tutto giusto ma restano vuote quelle risposte che non giungono mai.

Lo sviluppo delle idee non è consistita solo nella ripetizione della stessa, ma del pensare logico del cominciamento medesimo : il soggetto diffonde ciò che ha acquisito, diffondendolo, non fa altro che adattare i fatti, la storia e la sua Esperienza in una forma immota adattandola al moto del Tempo e a condizione sua.

Nel barlume o in una piccola sua parte, la concezione del Divino stava già nell'istinto dentro del loro sé : in una sorta di autodeterminazione .

Ovviamente per contrario si temette il Male, che non serve solo a il gestire ma sopratutto a bilanciare i soggetti tra di loro e non solo oggettivamente ma sopratutto qualitativamente condizionandolo.

Ciò significa che attraverso il travaglio del dolore, del negativo, l'Amore porta a cercare il Divino in una universalità totale benchè astratta e sconosciuta.

Il credere o il presupporre che l'Assoluto fosse anche in sé sarà stata una grande consolazione e soddisfazione, il premio di tutto ciò fu, è e sarà un declinare le paure o timori ad altra Entità superiore.

Aver compreso che essere in sé e per se' lo si è da prima di perdersi : è una materia spirituale, il divenire anche l'assoluto essere altro che della propria fisicità è una conquista importante.

Sicuramente senza mezzi alcuni , l'insofferenza avrà avuto delle pretese, che non posso nemmeno immaginare il suo bruciare, ma credo che ciò lo sia stato per tutta la sua estensione Temporale e quindi anche di quel che è l'oggi, tale e quale ad allora.

Da li in poi si sono dovute dare forme senza casualità a tutti gli schemi possibili per e nel loro immediato caotico : la riflessione con tutti i limiti umani che conosciamo.

E' stato l'embrione di buona parte del sale filosofico che con buoni propositi anch'io son qui a chiedermi del mio sé nel mio cominciamento di autodeterminazione.

Come il cercare di rappresentare tutto questo : impresa titanica, sino al farle definire una cosa con il termine   " Nota " e quindi una specie di dato per vero , in questo caso un assioma imperfetto secondo me.

Soggetto e Oggetto, la natura, il mondo, il Tempo, lo Spazio, l'Eternità, la volontà e il desiderio...... e cosi via, divengono le fondamenta dati per noto, qualcosa che ebbe valore assoluto; vanno in qua e in là rimanendo dei punti che rimangono fermi, inchiodati a se ermeticamente.

Paiono tutte una specie di sostanza pensata e pensante di sè, nel rifletterci sopra da inerti paiono in movimento, spirituale, un loro Io personale: <u>le occupano.</u>

Dei pensieri si evolvono in concetti, ecco in quel momento sono anche materia, Essenza Spirituale.

Innegabile che tutto ciò' dev'essere accompagnata da alcune nostre innata qualità : *<u>la volontà, il desiderio, la paura, ecct.</u>*

Tanto cara al Signor Arthur Schopenhauer che ne trattò con innegabile eleganza nel suo : " *il mondo come volontà e rappresentazione* ".

Ne ha eseguito una rappresentazione solare, definendola
"*.....essenza in sé del mondo* ".

Personalmente ho sempre immaginato questo pensatore un Artista dell'Avanguardia letterale : il suo modo di rappresentare il tutto, ove gli attori sono i sentimenti e il palcoscenico e' il mondo, diviene in me qualcosa di teatralmente bello anche esteticamente parlando.

Tutto è causa ed effetto, nella casualità tutto non è altro che l'azione degli oggetti / ente : gli uni su altri e gli altri dentro gli uni.

Collegati tra di loro e dobbiamo sapere di loro anche prima di incrociare il loro essere in quanto ci viviamo dentro.

Cadendo così anche in toto in ciò' che S. Freud evidenziò nella sua scoperta/pensante : dell'inconscio.

Senza dimenticare che " causa – effetto " portò più avanti e presso la Signora Scienza un certo Sig. Einstein anticipando in un certo senso la famosa tesi dell'equivalenza tra massa ed energia, la stessa poi divenuto concetto fenomenobile... proprio della categoria dei fenomeni scientifici.

Non per nulla il Sig. Einstein amava leggere : Hume e Schopenhaur.

Ecco allora il noumeno Kantiano (noumeno = dal greco pensare) secondo Arthur Schopenhauer e' manchevole nel fatto che non sia possibile rappresentare se stessi con causa ed effetto per esempio in quanto tutto sensibile.

Per esempio quindi : la volontà è considerata un ' Esperienza interna legata subito a tutti i movimenti del corpo compreso per esempio.

Nel paragrafo il mondo par.18 definisce la sua visione così all'incirca:

"...... ogni atto vero, effettivo e immediato della volontà è subito ed immediatamente un atto fenomenologico del corpo, quindi ogni impressione esercitata sul corpo è un'impressione diretta della propria volontà "

una vera volontà quindi che ha in sé tutto ciò' che serve anche alla sua rappresentazione Spirituale ? .

In un certo senso si conferma che neppure come soggetto o oggetto esista una forma e nessuna forma per la volontà, in quanto nasce dall'intimo nostro, affermando che sorge dalla coscienza immediata di ognuno di noi , ricevuta tenuta e a volte non sfuggevole.

Lo reputo affascinante benché scarna di estetica alcuna.

Ovviamente in qualche modo e' una Verità, io però non mi sento di affermare l'opposto anche se mi disturba un po' questo meccanistico pensare alla volontà.

A volte leggendolo mi trovo a pensare che questo filosofare si riduca al solo illustrarne lo schema intorno ai suoi concetti di : rappresentazione, di volontà etc. senza entrarci.

Tutto si riduca quindi a una scarna descrizione illustrata da immagini che mi dedico da me sulla sua visione : reale .

Ma se collego a Platone per esempio, una spiegazione giunge a sbocciare :

…….. mondo apparente al suo essere in sé.

Appare non forse che la gioia o meraviglia del filosofare

" l'essere delle cose " (vedasi Aristotele)

ma, dell'Esperienza di idee come la morte, del trascorrere di tutto e del tutto..... di quel timore che causa l'infelicità.

Infelicità non data solo dal non aver riscosso un desiderio.....

A questo punto si capisce che quanto sopra non può essere rappresentato e il rimedio sia l'escludere o spogliare tutto il ragionamento dal capitolo filosofia, in quanto tutto posto nella dura realtà, priva di medicine atte alla soluzione di questo nostro vivere.

Vogliamo dargli torto in tal senso agli artefici di tale presupporre ?

Eppure in compagnia di altri scrittori il Signor . Arthur Schopenhauer deriva da un suo originarsi nel primo romanticismo tedesco e lotta con il positivismo dell'idealismo dell'epoca , con tutte la loro feroce crudezza.

Benchè ciò si è cercato una classificazione in quattro temi e cioè :

1.   *ratio cognoscendi*

2.   *ratio fiendi*

3.   *ratio essendi*

4.   *ratio agendi*

è totalmente molto materialista : la radice sta nella facoltà intellettiva che coglie nell'essenziale necessità riferita alla conoscenza palese di sé al noi stessi in ogni suo aspetto.

Chiedo scusa se alcune cose paiono contraddirsi tra loro i concetti qui espressi e anche in loro nel mio dire, ma cosi non è, gli strumenti concessomi non sono all'altezza delle miei più recondite pulsioni intellettive.

Comunque , anche qui si intuisce che l'essere Umano non è solo soggetto che si conosce ma, anche un essere che ha un corpo : che sfrutta con ciò quello che ha nell'ambiente che ha.

Esso e' per noi una parte interiore ma lo è anche in esteriore e dall'interiore sgorga questa grande cosa : l'impulso della volontà.

Ciò porta alla conclusione maxima : attraverso l'Esperienza di se stessi in codesto mondo, si giunge al famoso noumeno, senza aggiungere alle forme a priori della conoscenza.

Riassumendo alla fin fine : la volontà di esistere, di vivere, di procedere verso il piacere piuttosto che il dolore e cosi via è la nostra ricerca quotidiana.

Questo ci fa ripiegare su noi stessi e guarda un po' : questa specie di irrazionalità ci spinge non solo a vivere ma sopratutto (dico io) ad un agire, al fare per raggiungere lo scopo.

La volontà non è un fenomeno a mio avviso e all'incirca ha queste caratteristiche :

1.   *inconscia*

2.   _unica_

3.   _senza causa_

4.   _irrazionale_

5.   _eterna_

secondo quanto esposto dal medesimo pensatore : assoggettando ad ogni sua un'altra serie di classificazioni, perdendosene l'origine.

Troppo affettato il ragionamente e di difficile classificazione : una spiegazione di uno dei punti dei cinque può essere applicato ad un'altro.

Spiegazioni simili non danno a me personalemnte una soluzione o visione certa o migliore.

3)

<u>Ancora del Tempo</u>

<u>dialelle continuo con lo Spazio</u>

non ho sinora parlato di un'altro concetto inerente al Tempo e cioè dell'Immortalità che ovviamente collego al Tutto Divino e al moto del Tempo.

Viene alcune volte definito con il concetto del vivere in un Tempo indeterminato, fatto da piccole parti di Tempo dico io , tutto attaccato e mai presente.

Mai presente in quanto nel medesimo suo istante è già un passato : **l'adesso continuo**.

Trovo questa elucubrazione " indeterminata " sbagliata nei sui estremi in quanto come già' detto il Tempo non può' avere una indeterminazione in quanto progressiva e numerabile, sempre nel mondo umano e quindi calcolabile anche a priori.

Che le sue accezioni siano due e cioè: fisica e quella spirituale, è ormai da me assodata.

La fisica rivela l'esistere senza fine della mente partendo da una materia grigia : Quindi una sorgente fisica.

Quella spirituale è posta ad un livello senza termine di un Essere dopo la Morte e quindi di Anima.

Usando la mia logica a me sovviene pensare e ne vorrei argomentare qui che : se fosse vero che esistiamo, allora non ci viene data un'Anima al primo vaggito ma esistiamo già' in quel Creato a prescindere da ciò' che avverrà in questo nostro cammino di realtà fisica del Creato stesso.

Come se in noi in una specie di contenitore viene posta ciò che e' Spirito e che nel suo divenire in morte non si vada al vuoto ma si ritorni al nulla di puro Spirito Suo.

Da dove proviene il cogitare così ?

Dal semplice fatto che esistendo un'entità definita Dio e non e' un vocabolo vuoto, nel suo Essere perfetto ha già' costruito il Tutto quindi siamo già' presenti dal Suo divenire Essenza, Dio.

Perché' dovremmo pensare all'opposto e cioè che siamo messi in fila e al concepimento ci viene affidato un senso di noi come un'etichetta semplicemente numerica senza contemplazione di nulla e in assenza di Anima ?

Capisco poi che per volontà ed Esperienza potremmo migliorare o modificarci ma il senso mio non è questo.

A me pare che sia inerente ad un futuro meno incerto anche se sempre poco gradito e cioè il morire qui nella forma in cui siamo, avendo la sensazione certa di noi.

La topica mia quindi non sono 3 stadi ma 5 e cioè:

1. *siamo in attesa* : già nel pensiero di Dio

2. *nasciamo* : siamo posti in questa realtà

3. *cresciamo* : consumiamo il tempo assegnatoci

4. *invecchiamo* : consci del passato tempo

5. *dipartiamo* :per ritornare nel pensiero Divino

Il passaggio in progressione dal secondo stadio al quarto è la realtà che possiamo definire la nostra Vita qui-ora : l'adesso come lo definisco io.

Il trapasso dal quarto al quinto non è da considerarsi sterile *e possibile* in quanto porteremo con noi questa Conoscenza ed Esperienza fatta, che non era possibile avere nel primo, non avendo ancora fatta questa Esperienza.

Sò che qui poi , si possono inserire varie ed ulteriori concetti che intercorrono nel quinto come:

1. concetto c i c l i c o o p r e s t a b i l i t o

2. v a l e n z a t e o l o g i c a o r e l i g i o s a

sopratutto nel secondo punto ho fatto mente locale al termine svolto in tale senso e cioè che l'immortalità' è una specie di trasformazione che avviene dopo la Morte, nella quale la Vita assume e mantiene tutti o in parte i riferimenti della persona reale che in qualche forma continua a vivere in Spirito , simile ma non uguale al Pensiero Divino in un certo senso.

Sopratutto nelle Religioni e Culture antiche è presente questo aspetto : è un proseguire questa Vita in un'altra senza interruzione , in quanto presente nel pensiero Divino, essenza Sua : pensiero di Sè.

Ho molti dubbi su questa visione, sopratutto in certi aspetti di Religioni/Culture orientali : Induisti, Buddisti.

Perché in essi poi esiste in aggiunta la trasmigrazione ciclica, non fosse bastevole esistono pensieri di trasformazione e riti tipo quelli funebri egiziani di tipo Osiriano.

All'opposto della Bibbia, Antico Testamento si legge dello Sceol , Ecclesiaste o Qoelet, in cap. 9-8-10 :

"......Poiché i viventi sono consci che moriranno.......ma in quanto morti,

non sono consci di nulla, ne hanno più salario, perché il ricordo di essi è stato dimenticato/................essi non hanno più' porzione di Tempo indefinito in nessuna cosa che si deve fare sotto il sole/....... "

Sceol e' la fine della Vita, sotto terra, tutti dal re al pastore, ai gentili e non, amici e nemici dormiranno insieme senza rendersene conto.

Qui si parla comunque solo di Morte , mai di Vita sotto nessun aspetto per esempio a mio vedere.

In greco la stessa parola viene tradotta in Ades e il suo contenuto non cambia : Morte.

Arriviamo agli Atti degli Apostoli, dalla quale condizione di Cristo e' Resuscitato : non avendo una naturale relazione con Dio, ma che Dio avesse una Fedeltà, la Sua Fedeltà Divina verso l'Umanità tutta.

Dispiace che in nessuna Sacra Scrittura nessuno abbia dato almeno una spiegazione di che si pensasse in concreto oltre a che non essere inerito o trascinato dai loro enunciamenti.

Probabilmente causato dall'epurazione nei vari concili di parti delle Sacre Scritture, con successivo peggioramento nelle trascrizioni medioevali.

Credo che tutto si sia risolto speculando filosoficamente e teologicamente, con la conseguenza non espressa in chiaro, che: sia da escludere l'insegnarlo, non serve, non è chiaro, non si sà.

Gli Avventisti invece credono che ci sia il totale annichilimento, definitivo della coscienza e della coscienza di sè dopo la Morte, al pari di tutte le   Creature viventi e cioè' di tutti gli Animali irrazionali.

Nasce spontaneo qui il collegare il termine irrazionale anche all'Uomo, in molte occasioni si è dimostrato aseticamente : irrazionale ed ipocrita.

Cullmann definisce (l'al di là) un periodo di sonno; Rahner afferma che l'Anima si trova in una specie di accrescimento e si prepara; per Boros la resurrezione avviene immediatamente al momento della Morte stessa ma è sospesa in attesa di un nuovo Mondo.

Non credo personalmente ad un " altro Mondo migliore " in questo mondo, il mondo è questo e andrebbe migliorato ove possibile.

A mio parere : impossibile migliorare questo mondo.

In base a cosa potremmo averne uno migliore ?

Per l'Islam è una Verità di Fede la Resurrezione finale , in varie diverse opinioni si afferma infine che i defunti sono sottoposti ad un lungo interrogatorio, se Dio è quel che pensiamo, che necessità ha di chiedere, sà già tutto, io credo : Dio è in sé Eterno e tutto Eternamente sà già tutto.

Dev'essere ben chiaro che non si deve confondere il concetto di Immortalità con quello di Eternità.

Come già definito nel mio scritto in calce, per me l'Eternità esclude totalmente il Tempo sotto le sue funzioni strutturali e non ha differenza dell'Immortalità che ne contempla in sospensione, in attesa di... altro.

Esiste a questo proposito una serie di scoperte scientifiche che non doneranno mai l'immortalità' contemplata in un unico e originale fisicità' e cioè' la nanotecnologia applicata al cedimento fisico umano.

Si dice che attraverso questa futuristica soluzione scientifica sarà possibile protrarre per un Tempo ics (X = incognita del non sapere la quantità stessa : tempo) la propria dipartita.

Dove per dipartita si intende con lo sfaldamento dell'integrità fisica.

Senza condizionarci troppo credo sia facile riflettere sul fatto che di grandi aspettative non ci saranno per tutti e forse neppure per qualcuno : il trapasso ci è dovuto come dote del nascere.

Quindi o mettiamo il tutto nelle calde braccia della Quiete Ignoranza oppure ci vediamo il film " Frankenstein Junior " diretto da Mel Brooks nel 1974 : perche da questi due concetti non ne usciamo con facilità, anzi...... ipotesi è a senso unico.

Passando oltre a ciò', esiste nel Tempo una magia incredibile se criticato nel suo scadere mai presente.

Mi spiego meglio : l'uomo esiste in un Tempo presente che di presente non ha nulla.

Se chiediamo a qualcuno di battere le mani in un momento specifico, nel momento in cui ciò succede quell'istante non lo è già più in quanto e' già un istante passato .

Questa sua caratteristica è una progressione velocissima e consumatrice di un intercalare continuo di un istante avanti l'altro.

L'uomo quindi vive, pensa e muore in un

istante presente continuo o presente continuo

(il mio " adesso continuo ")

o se si vuole in un presente passato in rinnovamento continuo.

Abbiamo qui trovato la soluzione dei viaggi nel tempo ?

E' inafferrabile questa forza ed è un paradosso importante, come la sua grande distanza da tutte le regole della fisica con quello che sostiene invece la fisica quantistica.

Non mi pare quindi strano l'affermare che se si legasse o per meglio dire unificasse (riuscendoci che per ora pare non lo sia) la relatività' generale di Einstein con la meccanica Quantistica si potrebbe eliminare il Tempo stesso .

Significa che il Tempo non sarebbe più' al centro delle argomentazioni della fisica e ciò aprirebbe una nuova e misteriosa via, cioè quella di un Universo o universi multipli, dell'immortalità umana o addirittura dei viaggi nel Tempo.

Per intenderci con ciò' che ho poc'anzi affermato significa oltre ad altre cose o temi, che per esempio si potrebbe dimostrare un'altro paradosso : il moto se sia oppure no una illusione ?

Ed è permessa solo dal Tempo ?

La logica mi direbbe di si, e leggendone il buon senso direbbe di si anch'esso.

Esiste già una teoria , pubblicata circa nel 1949 del grande Gödel nella quale è dimostrato che il Tempo reale non eiste.

Tutto ciò scaturì dal suo incontro con l'altrettanto grande Einstain durante gli anni di insegnamento all'Università di Princeton.

Anche questa di Gödel tutta una storia : meravigliosa e molto costruttiva, da approfondire a piene mani.

Qui una nota sulla tecnologia mi è dovuta : io personalmente ho molti dubbi su alcuni vantaggi della tecnologia applicata e usata da una sola parte dell'Umanità sull'altra metà.

Molte di esse paiono che vogliano sostituirsi al Sentire interiore naturale umano.

Dando un senso di completezza al vivere quotidiano, in realtà, io credo, fanno scomparire il tempo di occuparci di noi stessi divenendone orfani e vittime del consumismo ad esempio.

Che è stà storia ?

La viviamo tutti e non abbiamo difesa alcuna , è per pochi recepire che per esempio l'apparire agli altri non ci fa pensare al noi stessi e al proprio indagarci : il tempo qui non basta mai.

(4)

<u>Della Natura</u>

Philosophia naturalis, si può riassumere con il termine filosofico : riflessione applicato allo studio della Natura, e io aggiungo intesa come Creato pensante in quanto già enunciato da altri prima di me, di cui io ne posso che solo convalidare questo loro intuire del sentire.

E' dovuto una specifica a questo punto in quanto questo termine Natura , ha molteplici significati e Verità con tante idee e congetture diverse anche tra di loro concatenate.

All'inizio era un trattare di fisica, collegandola poi successivamente e coniugandola con la sperimentazione e tutta inzuppata di filosofia tentata.

Sarebbe da aprire un capitolo a se stante nell'idea della pietra filosofale, ma sarebbe troppo lunga e forse qui forviantemente meno affascinante e sotto alcuni aspetti storici poco invitanti.

Nel nostro Tempo la *Philosophia naturalis* e' declinata in:

1.   <u>*filosofia della Natura pura-fisica*</u>

2.   *filosofia della natura biologica.*

Queste si sono rese autonome poi in discipline poste nella branchia nota come filosofia delle scienze.

Nel primo si osserva dal punto di vista empirico, un lavoro di analisi sommate ad argomentazioni riguardanti anche l'osservazione.

Tramite l'evoluzione del nostro grande Galileo Galilei come per Newton che si sviluppa una regolazione del metodo scientifico del pensare ed osservare.

Nell'altra caso, oggi sono insegnate da professori di Fisica in tutte le Università del Pianeta Terra..

Andando oltre comunque, io starei con la definizione di Platone e non con Democrito.

Platone asseriva , si e' vero che tutta la materia e' fatta di atomi ma all'opposto di Democrito , asseriva che gli atomi erano precostituiti e dotata di intelligenza : se lo colleghiamo agli esperimenti con una particella nella fisica quantistica si evince che avesse ragione vedendo molto più in là dei suoi contemporanei.

Addirittura Aristotele ne distingue 4 cause supportando il pensiero del collega Platone e cioè:

- _Causa formale_

- _Causa materiale_

- _Causa efficiente_

- _Causa finale_

e si badi che tale nella causa finale lo stesso Aristotele afferma che esiste nella Natura l'intenzione, lo scopo per cui una certa realtà esiste : **w o w** !

Questa visione e interpretazione resterà presente sopratutto nella scuola medioevale e in senso qualitativo.

Ritrattata poi ancora dallo stesso, nel trattato di cosmologia : i 4 elementi enunciato da Empedocle

Questo grande organismo e' chiamato da Platone :

_" A n i m a   d e l   M o n d o "_

bellissima ed emozionante definizione secondo me.

Plotino addirittura delimita ciò' che sarà di striscio anche per Kant nell'utilizzare l'Immanenza della Natura con la Trascendenza stessa della Natura fornendole in un Logos solo.

"....L'uno, come la luce che si allontana nel buoi, cosi l'Anima guardando verso il basso si bagna nella molteplicità, vitalizzando il Cosmo che ne risulta intimamente popolato da energie e forze arcane, nascoste nell'oscurità della Materia"

Nel medioevo un certo Abelardo, identifico questa forza con lo Spirito Santo.

Nella scuola di Chartres insegnavano così :

Dio (secondo loro) aveva dato inizio alla Creazione lasciando che la materia provvedesse da se al suo proseguo etc. attraverso i famosi 4 elementi :

- *F uoco*

- *T erra*

- *A ria*

- *A cqua*

Piccola nota : oltre alle loro diverse condizioni fisiche, dal secolo scorso sarebbe stato aggiunta una 5° forma e cioè oltre la forma : liquida, solida,gas etc la forma definita : plasma.

○ *La materia può' avere anche questa caratteristica che si può notare nelle stelle come nel nostro Sole per esempio*

Cosi facendo asserivano che nella natura esistesse una sua immanenza, un'Anima o una specie di Coscienza Universale, che sfocerà' poi in una *Visione Panteistica* **tutta umana.**

Persino il grande Tommaso d'Aquino arrivò a cercare di mediare o per meglio dire far conciliare la rivelazione Cristiana con Aristotele per la sua valenza.

Secondo Tommaso esiste un perenne passaggio di forze o potenza all'atto che struttura il Tutto Naturale secondo una tipica scala a salire dal Basso verso l'Alto, che parte dalle Piante e Animali (flora e fauna) per giungere salendo sino agli Angeli e appunto a :

Dio : Anima Mundi.

Altro fu Bacone, e tramite il *Corpus Hermeticum* di Ermete e attraverso questo si incrementò nel periodo rinascimentale anche l'Alchimia.

Pico della Mirandola con il suo studio sulla *cabala* cercò di decifrare i rapporti che legano tra loro ogni aspetto della natura.

Con la rivoluzione copernicana in poi, Dio e' posto sopra il Tutto e governa con un Atto di Amore (Fedele), infondendo Anima e Vita oltre anche : alle leggi proprie del Creato.

Io credo che per stare nel semplice cogitare a questa forza, la si possa anche sentire comunque senza doversi fare degli schemi.

Davanti ad un tramonto per esempio, che cosa è quella empatia che entra in noi fisicamente e ci fa diversi e unici in ciò ?

E' forse quella qualità oggettiva della Natura sinora pensata ?

Credo sia possibile sentire un qualcosa di Divino e in continuo movimento in sé per sé e che si autoevolve.

In un certo senso l'Evoluzione di Darwin non e' altro che l'ennesima conferma degli innumerevoli progetti di Dio.

Il Creato e' un progetto Divino nel quale le forze si autogestiscono in moti e sussulti temporali tramite le *sue regole* : in un suo susseguirsi caotico in un senso e ordinato per il resto : una specie a me cara che definisco con il termine *CAOS ORDINATO.*

Attraverso queste regole i fenomeni creatisi hanno coscienza di se, pensanti, quindi transitori nel loro divenire altro, pervasi di quella forza chiamata Tempo.

In questo meraviglioso lavorio della Natura : la bolla Umana e' una componente come tante altre e **n o n** la principale, al mio pensare.

Dubito di un paradiso terrestre, che ci sia stato o ci sia o ci sarà in un Tempo che non posso valutare se non in quanto affermerò poi : in una vertigine assoluta di emozioni interiori senza Tempo.

Ma la certezza che in qualche Verità' troveremo un giorno il senso del Paradiso Terrestre in quella forza di Plotino è molto alta e veritiera per esempio, secondo me.

In un certo senso ciò ci conduce ad un'altro concetto misterioso :

<u>lo spazio</u>

(5)

<u>Dello Spazio</u>

Collegandomi al Big Bang e quindi a tutte le considerazioni fisiche, oggettive e di quantità dello Spazio, trovo che la domanda " quanto e' grande lo Spazio sia mal posta.".

Come già detto molte cose sono iniziate e nate in quel fatto che definiamo Big Bang : il Tempo per esempio ne è una di queste.

Secondo la mia , direi che e' nato anche lo Spazio fisico nel quale si e' espanso l'Universo, cosa d'altro canto che è tutt'ora in fase di espansione a quanto pare .

Non voglio qui interessarmi del suo futuro : se diverrà stabile o collasserà o si restringerà, ma e solo del fatto in sé della sua generalità e sopratutto del suo inizio.

E' molto logico l'esser certo del pensare che lo spazio sia nato con il Big Bang e che nel suo espandersi si sia espanso con esso, in coppia legata e indissolubile con il Tempo.

Valutare in che si sia espanso e' un'altra domanda collegata al concetto Nulla e non del concetto Vuoto .

Ora tra una galassia e l'altra esiste uno Spazio-Tempo che vuoto non e', in quanto presuppongo che come alcune ipotesi scientifiche hanno enunciato : che ciò' che vediamo vuoto in realtà pullula di energia e altre parti in altre parti ipotizzate all'infinitamente piccolo e pieno.

Da qui poi scientificamente le sue parti non visive sono parti di materia non materiale e\o con energie positive e\o negative e\o neutre, comunque sia il nostro concetto Vuoto e' da immaginarsi uno Spazio; questo credo sia piuttosto evidente per tutti a questo punto.

Necessitiamo di un esempio ora : Nella realtà quotidiana mi ha sempre affascinato il fatto che l'uomo si sia permesso di dare nomi a cose che non esistono di sé. ma di altre parti o materia.

L'Esempio : e' un buco nel muro; da piccolo mi chiesi molte volte come fosse possibile che esistesse qualcosa che non si potesse toccare e quindi come esistesse lo stesso buco.

Poi ho recepito che non e' una cosa a sé ma diviene qualcosa *" buco nel muro "* nel momento in cui uno Spazio vuoto viene delimitato dalla materia.

Quindi esiste un buco in un muro e diamo ad esso un suo proprio nome benché sia un nulla per noi che lo possiamo solo vedere e non toccare benchè esista.

Va da sé che questo vuoto per esempio secondo il principio di indeterminazione di Heisenberg, il quale stabilisce secondo questa idea che nel vuoto esistono particelle che nascono e si annichiliscono in continuazione : quindi anche non sentendolo, cmq esisterebbe il buco.

Anzi in alcuni trattati viene usato il verbo   " creati " e in altri il verbo " nascere "; a questo punto e' obbligo comunque far notare che nella dialettica normalmente si hanno e si usano termini specifici ma gli stessi possono avere e condurre a confusione per la loro continua ambiguità.

La parola Vuoto deriva per esempio dal latino classico *vacuus*, che genericamente esprimere una assoluta mancanza di materia.

Mentre per il termine Nulla, è un sostantivo grammaticale, cosa che indica e si riferisce a qualcosa.

Esempio classico " non manca nulla " ma non esiste nessun oggetto a cui si possa far riferimento con la parola Nulla.

Comunque questo incessante annichilimento e nascita etc. all'interno del vuoto non mi da una sensazione di atto violento ma di trasformazione o di posizionamento neutrale quindi non un atto di violenza, ma di fluttuazione continuo del Creato che incessantemente si evolve e si autogestisce.

Pare tutto molto reificante, ovvero considerare reale ciò che pare astratto, quelle particelle nel vuoto si comportano come se fossero create in continuo da qualcosa d'altro o qualcun altro, o abbiano avuto la libertà di agire; mentre (attenzione) ci hanno detto che la fase Creativa fu ed ebbe solo quella iniziale: unica e irripetibile : big bang.

A parere mio impossibile, se fosse vero il fattore Dio non avrebbe più' alcun valore; all'opposto mio invece il Magnifico Sig. Stephen Hawking lo ha ultimamente ipotizzato affermando che il fattore "Dio" non sia necessario alla teoria del "Tutto".

Nota : comuqnue la Teoria di Stephen Hawking molto interessante e comunque intrigantemente logica parrebbe un'antinomia paradossale.

E' un po' il senso di un'idea che ho in me di cui parlerò avanti.

Ritornando al Sig. Nulla e' tutta un'altra cosa, non contiene neppure il Vuoto, è l'assenza di tutto e non appartiene al Creato in quanto non pensante ed inesistente : credo sia un dire umano per spiegare qualcosa che non riesce a definire in altro modo.

E' l'inconsistenza definita da uno schizzo di Follia Umana per delimitare e non aggiungere nulla appunto al nulla in sé in quanto non immanente ne in modo trascendentale a qualcosa checchè sia, neppure a se stesso ed impossibile in ogni suo aspetto da quello ermetico in poi.

*Piccola nota : qui sopra ho scritto follia con la lettera **F** in maiuscola, perché con ciò è mio desiderio far risalire a questo mio anche alla " Follia di Erasmo da Rotterdam " una incredibile e lucida realtà tra le tante, questa è una delle tante a me più gradite; fa in me emergere quel che di poco siamo in dolcezza rispetto al Tempo Umano e al suo trascorrere, modificando i fatti temporali passati in ricordi del presente progressivo.*

Ritornando al vuoto/nulla : Ora proviamo a collegare il nostro nulla o vuoto al concetto espresso nel fatto che anche lo Spazio come il Tempo sia nato nel primissimo istante del Bing Bang.

Dove si è espanso lo Spazio con tutta la materia, idem per la nascita della gravità etc ?

Nel vuoto ?

Quanto era grande?

Era aderente al punto focale del Big Bang oppure no ?

Intorno a sé che c'era?

Qui diventa tutto buio e non si sa dove appoggiare un inizio di ragione o logica.

Non credo che ci fosse qualcosa come il vuoto e cioè un recipiente più o meno grande ma qualcosa d'altro di cui non riusciamo ad avere una idea ben definita e a quanto pare neppure confusa: tutto è assente in noi rispetto a ciò.

A questo punto la considerazione ottimale e' considerare il Nulla un qualcosa che non comprendiamo in quanto è un paralogismo perfetto sotto molti aspetti : quindi una dialelle perfetta e continua che si ritorce su se stessa ad ogni nostro pensare.

Potremmo considerare il Nulla come l'Eternità, nel nostro ragionare un bizzarro paradosso, ma credo che oltre proporle come proposizioni a sé, nulla sia possibile benchè affascinanti non siano neppure immaginabili fenomeni appunto per la loro natura stessa : in completabili nostri pensieri.

Di difficile è anche la loro speculazione, dunque che pensare se non a forme di pensiero per sistemare in qualche cassetto degli impulsi mentali (idee), avranno origine per motivi costruttivi tipo le impalcature per costruire case probabilmente ?

A casa ultimata e ottenuto il progetto, le impalcature non servono ad altro, si tolgono, si smontano e nulla rimane.

Quindi appartengono a questo definirsi al nulla e ci rimane la sola casa, ergo al puro risultato del nostro fare o pensare e delle nostre congetture ?

Guardando il risultato (casa) non sapremo mai che tipo di impalcature abbiamo utilizzato per realizzarla e rimane un punto a sé; in sospensione ma concreto in un Tempo che non crea più' nulla e per **nulla sà di sé**.

Il Tempo ha una sua consistenza non ancora conosciuta in quanto, benchè non ancòra di un sistema topico, è sicuramente visibile per tutti nella sua storia di istante dopo istante in continuo.

Mi sovviene da umano definire Eterno, benché come già enunciato sia errato cosi' definirlo..... ma rende meglio l'idea.

Quindi il Tempo : Nel quale istante procede e modifica tutta l'altra consistenza del Creato.

Non la si può toccare, ma la si vede e la si sente nel suo divenire, nel suo presente, in qualsiasi caso che sia: arbitrario o esterno., quindi consapevoli oppure non consapevoli : il Tempo E' forma qualitativa.

Non sta solo fuori di noi, ma anche dentro di noi, è quindi stabile ed evidente in tutto.

L'uomo calcola il Tempo, e appartiene esclusivamente a sé e per suo uso e utilità ma, non è il Tempo in sé dell'Universo : ecco un'altra sua incredibile peculiarità.

Nell'Universo la nostra percezione è costante, all'opposto del Tempo universale e del Creato che è instabile e non uniforme.

Il vero Tempo non ha cadenza umana : questa la considero una Verità Assoluta.

E' una ipotesi ormai assodata quella che il Tempo come la luce ha diverse estensioni a secondo delle loro istantanee situazioni o vicinanze o lontananze da altri soggetti od oggetti.

Per intenderci il Tempo si restringe con l'accelerare di un corpo qualora la velocità di quel corpo si avvicina alla velocità della luce.

All'opposto, il Tempo si dilata sino allo scomparire all'avvicinarsi all'orizzonte degli eventi tipo quello dei buchi neri o smette di esistere a bassissime temperature : a meno di 280 e più gradi.

Il Tempo con tutta probabilità verrà fagocitato insieme alla materia all'avvicinarsi ai confini dei buchi neri.

Esiste una terza ipotesi,tanto per non farci altro che aggrovigliare ancora di più' nel mistero nel nostro piccolo pensare.

Ci è stato dato per argomento certo " l'assioma " che esistiamo in una realtà fisica tridimensionale, non sarebbe da scontare l'idea che nelle 11 dimensioni sinora confermate da varie congetture scientifiche, le stesse altre dimensioni abbiano tempi diversi, con cadenze diverse di un attino dopo un altro attimo a noi sconosciuto.

Attraverso la razio, caratteristica probabilmente non solo umana , in questa realtà e dimensione basa anch'essa tutto sulla propria Esperienza.

Esperienza fatta da copiamenti, prove, tentativi e così via, ma è probabile che benchè non sono da noi percepite non significa che non lo siano in altro modo e non esistano in altre possibili realtà e dimensioni.

Un po' come presupporre che le molecole che noi conosciamo in Natura e in questa realtà e dimensione siano così presenti in altre dimensioni e realtà.

Sarebbe incredibile e fuori dal nostro pensare che e se esistessero molecole diverse conformanti composti diversi in una Sig.ra Fisica e Chimica le quali avessero comportamenti diversi degli stessi che noi conosciamo dessero tempi diversi.

Farebbero probabilmente compagnia ad un Tempo diverso : attualmente impossibile ma che maturerà credo, aspergendo ciò che presupponiamo in qualcosa d'altro taglio di vista in altre argomentazioni.

Difficile dire dove ci potranno portare e che conseguenze porteranno tutti i pensieri, tomi, ipotesi , eccetera, sino ad ora fatti dai grandi del pensiero che ci hanno preceduto e dove ci porteranno.

Tanto per fare un'ulteriore esempio esplicativo, per similitudine : la luce, la pensiamo e la sentiamo in noi come un raggio che deriva da un punto e raggiunge un'altro punto in linea diretta, pensiamo che colpisca la nostra retina cosi che poi la utilizziamo per comprendere la realtà visibile a noi interposta al nostro esterno.

A questo punto mi sovviene di far notare e dichiarare che la sola conquista del <u>vedere umano</u> sia stata una conquista del periodo antico-preistorico anche probabilmente antecedente al periodo Cambriano

In quel Tempo (che ora non c'è' più' in quanto trasformato e inesistente in sé) ci furono Esseri semplici, della Flora tipo alga o licheni o simili, i quali fecero un piccolo (ma enorme) passo in più'.

La stessa fece la differenza tra Flora e Fauna.

Avvenne che a un certo punto nel Tempo ciò che viveva in un suo Tempo e dimensione sviluppò una incredibile dote : il vedere, cioè percepire l'esterno suo : un Miracolo a mio credere.

Nel nostro essere attuale vedere è normalità, ci permette di copiare ed acquisire esperienze altrui e migliorare le nostre capacità, attraverso le quali ritrasmettere all'onda successiva di altri uomini il fare per esempio.

Ma non è cosi, è stata una grande e immensa trasformazione.

Si provi ad immaginare che una pianta, si metta un spina dorsale, sviluppi per la prima volta (e qui non voglio speculare del perché ma solo del risultato) un organo che gli permetta di vedere lo Spazio esterno a sé.

Dire che ci sia una magia Divina nel suo superlativo senso è dir poco.

Quindi attraverso un semplice raggio di luce dato ed elargito dalla combustione di molecole di idrogeno, elio etc del Sole si conosce un'altra dimensione.

Ci fu' in concomitanza con questa conquista terrestre, la possibilità di vedere.

Una pianta ad un certo punto riuscì a vedere fuori di sè cosa ci fosse: per essa fu per me la conquista di una dimensione che non conosceva, una realtà inesistente ma esistente per sè di sé.

Fu evidente anche a quella pianta che benchè sino ad allora non conosceva quella dimensione, la stessa comunque esisteva lo stesso sia prima che dopo la dote del vedere..

Non la conosceva non perché non ci fosse ma solo perchè non ne ebbe Esperienza diretta sua, ma con la mediazione dell'esperienza visiva , potè conoscere l'esterno a sé .

Pensiamo per pesare questo taglio da questo esempio :

Un Uovo : qualsiasi , di qualsiasi specie, esso esiste come materia e sostanza, ma non ha idea ne di sé ne del Tempo suo di sé o del tempo fuori da lui : eppure esiste sia lui che tutto il resto fuori , affascinante.

Il che rovesciando il tutto : il Tempo è in quel Tempo specifico del Tempo / Uovo che sta nell'uovo.

Volendo fare un parallelo con un altro esempio più vicino a noi : un feto nel grembo materno suo.

Esso non ha idea di sè, nonostante ciò esiste, vive in un Tempo suo e non conscio e non corrodente neppure di sè, sempre tutto in un istante per istante comunque successivo e sconosciuto dal feto.

Non conosce e non può neppure immaginare un fuori , neppure uno Spazio; peggio del peggio non può argomentare, quindi non sa di sé : terribile secondo me nella sua dolcezza di esser comunque un cucciolo di uomo indifeso, difeso solo dal vendre di sua Madre.

MI sovviene rammentare che ciò avvenne anche a me; mi sorprende sempre : *esistevo senza saperlo*.

Qui io per tutti : ero in una condizione di esistere senza averne cognizione ne di me ne di tutto il resto del Creato, ma <u>ero e c'ero ed ero io</u>.

Significa forse che sia <u>possibile essere</u> e non averne idea ?

Se ciò e' cosi evidente, perche non lo è per tutta le altre possibili realtà in Tempo l'utile del suo Tempo e di sé a noi , e grati di ciò ?

Si pensi per esempio che il Tempo non e' solo qualcosa di esteso a noi come nello stesso ad un feto e alla sua condizione sospesa o nella realtà di un uovo.

Mi risulta quindi che il Tempo è in uno atto alterato a vari livelli, infatti in questo mio Tempo per esempio se osservo la luce che proviene dalla galassia di Andromeda, questo raggio o luce è partita 2.500.000 anni fa : eppure la vedo ora.

Per renderci conto e fare   due conti (scusate il giro di parole), la così chiamata Lucy, (scoperta in Africa da P. Tobias) questo ominide è stata definita l'anello mancante tra le scimmie e il divenire homo, ebbene era già morta da oltre 1.000.000 di anni quando parti quel raggio che possiamo vedere oggi da Andromeda,

Affinché sia evidente la frammentazione del Tempo che continuo non è nel suo istante su istante, è ovvio che se io osservo un raggio di luce (e stiamo parlando di luce) io stia guardando un Tempo passato nel mio presente in un Tempo nel nostro comune Tempo.

Nel   quale mio Tempo attuale è vero per me e vero quel istante che partì al suo Tempo e che ora che e' un'altro Tempo : il risultato è che tra il mio tempo e quel tempo la differenza è di 2.500.000 anni.

Alla fine significa che dovrei aspettare nel Tempo mio a calcolo umano altri 2.500.000 anni per sapere se esiste ancora Andromeda nel momento attuale mio ed ormai sia la stessa morta e scomparsa.

Nel frattempo il cucciolo di uomo è quindi sospeso nel suo senza saperlo............ bellissimo.

Quindi riassumendo in questo mio Tempo osservando questa galassia sto osservando il passato comune universale nel mio tempo universale

Noi umani abbiamo bisogno di una esecuzione, l'idea deve avere uno schema, attraverso il quale con uno medesimo trovare la molteplicità essenziale a noi congeniale.

L'infine di un ordine,   delle e nelle sue parti, queste sono sempre per noi parti che determinano a priori, secondo e sempre secondo il nostro fine   necessitiamo comunque e sempre di averne uno scambio con qualcosa di evidente.

E' precipuo alla Ragione l'idea o un idea, ma molte idee non possono essere empiriche come abbiamo già valutato, quindi neppure dimostrate e a peggiorarne ancora sono grandemente inargomentabili, nel loro se e nei suoi termini che abbiamo sviluppato nel nostro essere umani.

Ciò ci riporta ad un architettura del Creato che non potrà essere svelato in nessuna sua parte, ma possiamo sentire da e per un nostro interiore fine e darcene un senso che plachi l'interiorità.

E' qui quindi l'affermare che nel creato c'è un Unico e Supremo e cioè il lato del Divenire Divino e in ciò è compreso noi e del Creato *non è fallace ma facente*.

In fin fine, nessuno potrà mai trovare e tentare uno schema o metodo " scientifico " senza porre a fondamento per il creare, un *Fare,* e che sia un organizzare il Creato oltre all'averlo fatto, quindi che sia un'Idea Divina, un Fare Suo : per me questo è chiaro.

E' tutto un indagare la nostra, da creatura facente parte della Natura che da soli 100.000 anni pensa a sé per sé temporanea; un battito di ciglia rispetto alla nascita di questo grande meccanismo iniziato con l'Essenza del Big Bang, sempre che sia stato l'unico ovviamente.

Mi auguro facendomi l'idea che in un futuro qui da ora (in un adesso futuro in un altro adesso più in là : condizione solo umana) che nel suo continuo istante dopo istante si trovi le risposte alle irrisolte e costanti e perenni domande, come non credo si potrà mai arrivare al punto 0 del *Suo divenire* Creato.

D'altro canto sta alla natura stessa dell'uomo farsi domande e progredire in avanti basandosi su congetture precedenti, e in ciò' esiste la caratteristica anche del Tempo, un continuo procedere incessante.

Infatti anche nella scienza si parte da una idea e attraverso le successive elaborazioni, test, eccetera l'idea stessa cambia, e si modifica in progressione, sfociando con esiti neutri ,positivi o negativi; il pertinente in tutto ciò e che in questo caso almeno una risposta ci sia sempre e sarebbe la nostra del dire:

" funziona / non funziona."

o

" applicabile / non applicabile "

o altro di simile!

Ne viene quindi che il risultato delle nostre indagini filosofiche che non partono in chiaro a nulla e barcolliamo in circolo sull'idea stessa che ci riporta ad altra congettura.

Veniamo così nell'impossibilità di tentare di determinare il contenuto e superare il confine suo stesso, ammesso che ci sia confine : in quanto non è definibile neppure lo stesso confine tra altro.

Significa che la Filosofia ha il suo diritto ma nessun dovere , se non quello di analizzare il breve Spazio che ci concede, applicando ciò che abbiamo come pensiero materiale o immateriale in sé.

La percezione è che dall'origine del pensiero manchi di qualcosa e che ci si inceppi quando vogliamo passare oltre al nostro considerare e viceversa.

Il dimostrabile sul Tempo, sull'Eternità, o Dio e così via , risulta quanto mai non verificabile, benchè avente molte peculiarità evidenti in ciò che vediamo, sentiamo, quindi esistenti e possibili senza dover apporre fantasie alcune.

Mi pregio qui comunque far notare di un aspetto umano che sono i sogni e la fantasia , che di sé non mi pare alcune volte che si discostino al mio dire precedente.

Molti sogni di fantasia si sono avverati in scoperte a loro simili nel Tempo successivo alla fantasia stessa.

Nel campo della tecnica, scienza e simili la fantasia si è concretizzata in scoperte, oggetti , metodi, schemi ecct molto simili alla fantasia stessa espresse in tempi precedenti alla scoperta stessa tecnica o empirica.

Si immagini cosa e che valore avrebbe avuto l'uso del cellulare-telefonino in dotazione alle centurie romane di quell'epoca di soli 2000 anni fa : altro esempio semplice..... provate a fantasticarci.

La storia avrebbe avuto altri risvolti, inimmaginabili e astrusi , modificando tutti i risultati successivi Temporali a noi noti.

Significa forse che il nostro sognare e' una previsione possibile e anticipatrice degli eventi futuri ?

Possibile !

O certe soluzioni umane a noi necessarie per esempio : il fuoco.

Interessante poi sapere che il fuoco (pare) sia stato utilizzato quasi nello stesso tempo temporale su tutto il pianeta Terra dagli ominidi dell'epoca : dà da pensare se fosse confermato.

Come sia stato possibile ?

Non e' di facile risposta, ma casualmente o meno che siano, molti sogni e fantasticherie umane a mio avviso si sono avverate, modificando e variando gli eventi stessi a noi noti.

Da qualche parte e mi rammarico di non ricordarmi più chi lo scrisse , ho letto una bella frase:

"....l'uomo è ciò che sogna di essere "

Nel manuale di S. Freud " l'interpretazione dei sogni " manifesto della sua psicoanalisi, il sogno non è solo l'inconscio e qui finisce tutto, ma è una delle tante manifestazioni, le quali, se opportunamente (notare il termine <u>opportunamente</u>) interpretata, permette di accedere a molti contenuti repressi del lavorio dell'inconscio nell'universo Umano.

Anch'esso lo trovo stupendo : contenuti noti dell'umano non sapere ma solo sentire dentro.

Con tutti i suoi desideri rimossi, pressandoli con intensità che nulla fanno altro che mettere in tensione il soggetto ; il sogno viene rappresentato con immagini che libera la tensione stessa alcune volte appagando il *desiderio* stesso.

Tutto ciò' avviene attraverso deformazioni culminanti in mascherature alla quale viene dato il termine di censura dello Spirito quindi della Coscienza.

Attraverso questo meccanismo afferma Freud, viene tutto rimosso in modo onirico :   incoerente e coerente in una elaborazione secondaria rimaneggiandoli e rendendoli comprensibili.

Il vero significato del sogno quindi sta nel suo significato latente e il suo studio è da farsi a ritroso dalla fine all'inizio (è un viaggio nel passato) in quanto non è un fenomeno arbitrario o causale essendo elaborato dall'inconscio che usa una sua logica molto diversa dalla logica conscia che abbiamo di noi da svegli, o come intendo io : rappresentativo.

In esso esistono simboli, desideri, conflitti, tutto inconsciamente presenti in noi ; in una costante illusione (direi io) di noi stessi.

Al ché in una certa qual misura ci riporta ad   un'eterna presenza di Kant, tra fenomeno e noumeno o cosa in sé.

(nota : di tutto ciò S. Freud ne prelevò a piene mani , per sua stessa ammissione , elaborandolo poi, ciò, divenì una sua personale utilità di spiegazione).

Per Kant il fenomeno è la realtà, l'unica vera realtà accessibile alla mente umana.

Per altri invece il fenomeno è pura illusione, sogno e parvenza,una specie di " velo di Maya " che vela la realtà delle cose nella loro essenza autentica.

E' comunque molto lontano da quell'aspetto a me molto gradito e cioè quel lato romantico tipico di Hagel.

Quindi in un certo senso la riflessione teorica viene applicata alla realtà, quindi la stessa realtà vista da diverse angolazioni ; è sempre la stessa ed identica realtà analizzata sotto diverse indagini e le stesse portano ad orizzonti diversi di uno stesso luogo o\e logos.

Nel cui luogo nascono desideri, domande, curiosità e sogni da realizzare risultando molto contingenti a sé.

Il suo predicato è enorme, tanto grande che spiegandolo ci si perde in continuazione, dovendo ritornare sui propri passi e con molte incongruenze si cercano amene o proficue mete certe : sin'ora sconosciute.

Con molto scetticismo e poca arroganza , molte congetture cadono per risorgere in altre soluzioni senza un filo conduttore tra le varie ipotesi enunciate in un paralogismo assoluto.

Pare logico il proseguire su alcune idee ma nascendo da ragionamenti fallaci si giunge sovente e il più' delle volte alla sola e propria appercezione del proprio limite : terribile condizione mentale umana.

Senza disdoro proseguiamo nella nostra ignoranza, affascinati dalla curiosità di capirci e capire tutto quanto è fuori di noi : sin'ora inconcludenti comunque.

Cercando con grande empatia di cogliere il FUORI e portandolo in noi facendolo nostro.

Ecco che tramite l'immaginazione dell'intelletto giungiamo alle sintesi universali o così definite quelle congetture totali , grandemente misteriose in tutte le loro estensioni e giunzioni.

I rischi sono molti e i loro risultati molto ingannevoli, sopratutto se tutto è basato sulla logica teorica e non basata sul reale o dei loro risultati sul campo : a noi umani molto cari.

Di certo tutte le differenze di pensiero danno una visione più grande e con solidità migliore ci danno e daranno parti insostituibili dalle quali ogni uno di noi potrà partire avvantaggiati per tentare di dare un senso al nostro essere qui, ora, cosi e totalmente fisici, pasticciati di pensieri e idee.

Fisici e reali, consci di sé, con quell'elemento comune umano di Spirito o Soffio Divino quindi ed anche .

La parola Anima, come già detto, deriva dal greco che per significato ha qualcosa tipo :

" *soffio Divino* ",

dando a ciò il pregio di essere la crema del Creato, si veda anche ciò che viene affermato nella Genesi del Vecchio Testamento, sempre che ciò che leggiamo ora in tali scritti siano esatti e tramandati dal loro inizio sino ad oggi senza revisioni utili al potere dei potenti o alle necessità del tempo che fu.

Il percorso di molti libri considerati Sacri e quindi dedicati se non anche dettati dalle Divinità e qui vorrei far notare con un'ulteriore domanda che utilità avrebbe avuto una Divinità a dettare qualcosa a qualcuno di fallace (sottoscrivo qui quanto affermato da Descantes) ; siano stati modificati e/o intensificati o cancellati, storpiando molte volte il significato senza chiederci opinione del loro successivo risultato : Al fine proprio e a proprio uso e consumo alla fine, tipicamente umano .

Non volendo caricare di significato negativo ciò che in questo Tempo ci è giunto suggerendo che sia falso, ma era dovuto in quanto certezze non ci sono in nulla e sicuramente non le troveremo nei testi antichi o nei futuri.

Dai testi antichi però possiamo estrapolare concetti e desideri , sono un ottimo trampolino di viaggio per il nostro pensare e ipotizzare, sondare nel buio allo scopo di trovare delle risposte.

Risposte per esempio di quella destinazione nota come la Morte, Dio ed Eternità.... così via.

Quasi tutti o la maggior parte dei testi antichi parlano o di Religione e quindi Dio o Storia e quindi di una sorta di Filosofia Temporale.

Man mano che il Tempo consumava i giorni (una sua parte tra le altre) i libri o testi in vari sistemi e modi si evolsero in trattati di varie ed altri sistemi manuali , trattando sempre di più di tutto e forse perdendo la loro stessa originalità : mia certezza assoluta.

Siamo giunti all'epoca attuale con book-notes, computer, biblioteche in linea : immense.

E' da notare che ora è possibile valutare l'origine di un pensiero in quanto del materiale c'è ne sono a milioni , in tutte le salse immaginabili.

E' possibile confutare, confrontare, discutere, accettare o rifiutare il contenuto di un'idea, cosa assolutamente utile, ma allo stesso modo tutto si è diluito troppo secondo l' idea mia.

Cosa non possibile nell'epoca dei libri Sacri.

La mia percezione in tal senso è di assoluta insicurezza dei dati contenuti, in quanto assemblati e non certi; è sempre stato necessario avere un traduttore per comprendere il loro significato.

Ma chi potrebbe essere un ipotetico traduttore o confutatore del vero?

Sarei grato qui a chiunque mi spieghi in base a cosa quei traduttori avevano il potere di poter capire e tradurre ad altri il significo stesso dello scritto stesso non avendolo testato di persona......

Elemento comune di questo modo di vista è instabile ancora oggi, viene preso per cosa certa perché detta da altri molto tempo fa.

A parte una fievole linearità su certi concetti, la maggior parte del resto viene data un'interpretazione personale e non generale e certa , compresi e accompagnati da tutti i nostri difetti e pregi umani e sopratutto delle paure e timori.

Si capirà con facilità che la cosa migliore per la comprensione della propria realtà, del proprio essere e delle domande generali dev'essere fatta a livello interiore, sfruttando quel soffio Divino o quello della Coscienza per non perdersi.

Ecco che allora prende di significato il sì leggere, il sì del discorrere, ma sopratutto con volontà , razio e logica, ricercare in noi le risposte e scoprire cosa siamo, chi siamo, a che scopo e se ne esiste uno di scopo; poi, che scopo abbiamo in questa nostra realtà.

Completarci con il rinnovamento continuo di rinascere intellettualmente dalla nostra storia personale e universale, in questo nostro tempo.

Guardando attraverso la nostra immanenza ciò che la trascendenza ci mostra nel suo possibile; senza complimenti dei nostri errori di comprensione nella totale ignoranza di ciò che non cade sotto i nostri cinque sensi è possibile che con un grande lavorio si giunga ad una migliore visione anche se mai bastevole e definitiva sarà.

Alcune volte ho l'impressione che alcuni nostri organi di senso che servono a ricevere informazioni dal mondo esterno siano un ostacolo; ci mostrano solo una parte e un'angolazione unica e irreversibile.

Per esempio la propria accezione non abbisogna del supporto della vista e nonostante ciò il meccanismo di controllo del movimento risulta attivo automaticamente : risultandoci incredibilmente normale.

Tutta questa meraviglia derivata dal nostro cervello : tronco encefalico, il diencefalo e il telencefalo etc. etc.

Pensieri e azioni, sono amministrate in parte in automatica e in parte di manuale attraverso minuscoli e potenti contati ,da segnali trasportati dal sistema nervoso.

Inutile affermare che il grande Architetto ha fatto tutto Bene e in grande stile, ciò è evidente con sufficiente soddisfazione nostra credo.

Sono piuttosto convinto che chiunque possa essere d'accordo sul fatto che meraviglia sia questo organo e cosa riesca a fare: fà congetture, progetta, ricorda, sogna, pensa, calcola, immagina e cosi via oltre a tutto questo si autogestisce nella sua fisicità materiale.

Tutto _causa sua, di sé_ : Si badi bene che tutto ciò avviene nel nostro cervello e attraverso contatti elettrici piccolissimi...con procedure tutte sue : stupendo meccanismo vivente.

In essa risiede anche lo Spirito con tutti i suoi eccipienti, esso è assolutamente privo di materia e che tuttavia interagisce con la materia stessa, quindi con noi stessi.

Esempio ? Che succede in noi quando siamo innamorati ?

Esempio ? Che succede quando si contempla o si fosse in estasi ?

Nell'idealismo tedesco viene definito (lo Spirito) come una totalità assoluta che comprende ogni tipo di manifestazione.

Nel significato che si dava Tempo fà è definita così:

"....il soffio vitale come sottile principio che vitalizza il corpo come sottile principio materiale di Vita "

ciò indipendentemente da un significato o causa di Religione.

Leibniz e Berkeley come Cartesio , pensarono che lo Spirito o Anima coincide sempre con la famosa *res cogitans* e cioè la sostanza pensante.

Nel pensiero esaltante del periodo Illuministico, viene riservato alla Spirito una naturale costituzione fatta da una giusta educazione fuse con le consuetudini sociali.

Hegel ne estese metafisicamente la portata oltre quel antipatico formalismo di Kant.

Nella " Fenomenologia dello Spirito " (1807) di Hegel (uno a mio parere dei trattati migliori_suoi) lo Spirito è il protagonista assoluto.

Questa assoluta caratteristica metafisica dello Spirito sarà trattato anche dal nostro Croce Benedetto, anche come pensiero idealistico in fase successiva.

Andando poi scemando un po' in corrispondenza del materialismo ateo, ma in definitiva non ebbe mai perso il suo slancio iniziale e originale di forza del pensiero.

Da evidenziare anche che lo Spirito ha varie accezioni ed interpretazione dal suo produrre Spiritualità.

In alcuni trattati si definisce la Spiritualità come una forza che trae dalla materia tangibile lo scopo di esistere; pare un coraggioso pensare materialistico, ma secondo me non lo è.

Che sia poi collegata all'Esperienza personale e' innegabile, come innegabile sia che nell'*aggettivo* (uomo) *Spirituale* non si debba intendere per forza in un uomo religioso, ma a parere mio solo che quella realtà è un " modo di essere " con uno scarso attaccamento alla materialità.

Da qui e' quasi obbligatorio specificare che esistono cammini spirituali come percorsi, lungo il quale si avanza per completarsi con l'obbiettivo di avere più consapevolezza del *Tutto* interno/esterno = Creato.

Una speudo saggezza se non addirittura una comunione con il Divino : trascendenza-immanenza.

Un esempio chiarificante, stabile e rivelatrice è il " Mito della Caverna " di Platone, contenuto nel VII libro della " Repubblica " .

Come con la Spiritualità si può sperimentare l'ascesi; attraverso la preghiera, il digiuno o la meditazione; livelli molto personali e unici a sé ed irrepitibili.

L'ascesi è stato un fenomeno in molte culture e sempre presenti nel progredire umano, è sfociato anche nel Cristianesimo, come nel pitagorismo, dell'orfismo e varie Religioni mistiche.

In Platone sopratutto, il valore morale dell'ascesi, come un freno delle passioni e la rinuncia alla corporeità è stato assorbito più avanti dal Cristianesimo.

Origene poi afferma e sostiene che attraverso la contemplazione mistica si raggiunge una specie di unione o vicinanza a Dio.

In un certo senso lo stesso Gesù Cristo non fu ascetico in quanto non insegna ad astenersi dal mondo come asserivano gli Esseni per esempio, anzi invogliò gli Apostoli ad andare addirittura nel e per il mondo a predicare un Vangelo di Salvezza.

E' attraverso S. Antonio dopo, e i Padri del deserto prima , inizierà l'ascesi nella Religione Cristiana in quanto prima ne era assente.

Sarà ancora più tardi con San Bernardo e San Benedetto che si radicherà del tutto.

Esiste anche un ascetismo ateo o Agnostico, (T.H. Huxley) indica alla fin fine un atteggiamento concettuale nel quale si esilia il giudizio rispetto ad un problema, in quanto non si può dare risposta certa non avendone conoscenza a sufficienza.

In breve è l'astensione sui quesiti Divini : a mio parere questo pensare è come un giardino sempre senza fiori o frutti.

Io personalmente pongo nella Spiritualità anche l'Etica, in quanto credo che ne sia pervasa in molte sue sfaccettature, qui sarà trattato in superficie in quanto dispersivo rispetto a questo mio raccontare.

(6)

L'Etica

L'Etica tratta di distinguere in : buoni, giusti, leciti, eccetera dal resto: ingiusti, illeciti, sconvenienti o cattivi.

Di conseguenza per esempio : ciò che è Buono è anche Bello, quindi materia di tutta l'Arte in ogni suo aspetto.

Non la collego invece ai comportamenti o per meglio dire all'ideale modello comportamentale perché troppo collegata alla morale.

La morale è una ingrata parola con la quale si giustificarono nel passato come oggi : dei fatti , avviene che degli stessi atteggiamenti con il passare del Tempo la società ha acquisito lo stesso fatto senza scandalo ciò che prima lo era.

La scusante e sua medicina è una sola parola : la modernità.

Con la parola *modernità , io intendo quel tempo nel quale il soggetto vive, nella quale svolge tutte le sue possibilità esistenziali in quel momento storico umano suo indipendentemente dal secolo o millennio in cui si vive.*

E' normale tutto ciò , la maggior parte delle persone accetta e si è in una specie di *momento* - di normalità.

Il che non ci garantisce ne che siano buoni o cattivi oggi come ieri ma solo che sono o *accettati o non accettati* e quindi normalmente considerati : normali.

Qui cadiamo nel dualismo che permea tutta la realtà umana.

Quel dualismo tanto caro alla filosofia e alla teologia, questo concetto ci porta alla costante presenza di due concetti o idee che sono opposti e non fusibili tra loro ma di uguale senso ; all'opposto del monismo.

L'origine è stato coniato da T. Hyde che lo usò per descrivere la religione Zoroastra (Persia), contrapponendo la Luce con la Tenebre, (io direi il Vuoto con il Nulla) ossia il Bene e il Male.

Più avanti con Leibniz coinciderà anche con questi due principi all' origine materiale dell' Universo nel suo " Teodicea " .

Sarà poi più chiaro in Cartesio questo dualismo nel suo definirli :

" sostanze materiali e sostanze spirituali ".

Secondo alcuni trattati il termine dualismo nasce in Grecia in una Religione molto antica VI secolo a. D. e cioè l'Orfismo che nel suo affermare cosi si determinava :

1. *la credenza nella divinità dell'Anima e quindi nella sua immortalità*

2. *da cui consegue, al fine di evitare la perdita di tale immortalità, la necessità di condurre un'intera vita di purezza.*

Ritornando all'etica di Platone noteremo che Il Bene, il buono e il vero si equiparano come definisce il Cristianismo Dio.

Il Dio Cristiano oltre ad essere Onnipotente e Onnisciente è l'Essenza della Verità, della Bellezza e sopratutto della Bontà.

L'opposto del Bene è il Male nel suo dualismo perfetto, dove il Male acquisisce il significato di ignorare il Divino e la Verità.

Con molte altre valenze e congiunzioni concettuali si può' definire il Bene come " azione buona " e meglio ancora " fare del Bene " e cioè   "fare delle belle azioni".

Tutto ciò a me da la sensazione anche del concetto Buono Suo pari.

Platone definisce il Bene come il Sole, rendendo possibile di capire le idee attraverso la sua luce : rientrando così nel concetto oggettivista del termine Bene.

Nei sofisti invece rientra in un concetto soggettivo e non oggettivo, in quanto il Bene è ciò che un soggetto vuole e percepisce, ciò che per lui è buono.

Se per Buono intendiamo anche la Bontà in questa società non mi appare cosi ben distribuita, benchè in ogni umano se ne possa riscontrare.

L'attuale società in questo Tempo, è contrassegnata da buonismo e moralismo ipocrita; sopratutto da falsi *veri sentimenti mediatici,* messo sul palcoscenico dello spettacolo.

Tutto vacuo e narciso per nascondere scarso equilibrio e disagi, egoismo dissimulato, opportunismo e ciniche manipolazioni in varie forme travestite di falsa bontà.

Pessima riflessione per una pessima epoca postmoderna che porta a far emergere l'aspetto assente nell'Anima umana di tale gioiosa cosa che è la Bontà, che è il Bene.

Non questa mia dev'essere una condanna per questi tempi in quanto la storia umana e dico tutta la storia umana ne è stracolma, ma vivendo in questo preciso momento temporale , io lo posso affermare in quanto presente nella mia realtà attuale.

Già il grande Spinosa ne fece un trattato che possiamo riassumere così :

"chiamiamo buona una cosa quando soddisfa un nostro desiderio, sia esso nobile o meno, e la designiamo cattiva quando vi si oppone."

Poche e chiare parole che illuminano il vuoto assoluto interiore dell'umana necessità di capire l'oltre.

Qui andrebbe definito il concetto " libero arbitrio " anche a costo di prendere delle cantonate in quando secondo la mia visuale è vero che Dio fece tutto bello, tutto buono, tutto perfetto con le sue proprie regole e sta all'uomo la sua gestione, ma, l'uomo stesso ne è partecipe.

Molti filosofi e pensatori hanno ammesso che secondo la loro visione in questo contesto la morale del Bene / buono è indipendente dalla religione, quindi non esiste il cattivo, di conseguenza non esiste giudizio Divino, questa è una delle tante controversie su tale concetto.

In un certo senso purtroppo parrebbe una Verità assodata quella che nei fatti le persone non si attengono nemmeno alle trascendenze religiose predicate da loro stesse, se non nelle intenzioni espresse da parole belle e da tutti accettate.

Secondo Hume gli impulsi, le passioni egoistiche equivalgono alle azioni benevole verso un amico, perché ne sta sempre alla base l'amore di sé.

Tristezza che può essere mitigata da una domanda : L' uomo è un Animale educabile ai sentimenti ?

La quale risposta sta in un esperimento che fece Federico in Sicilia, lasciò sin dalla nascita delle persone rinchiuse, esse crescendo senza qualche istruzione alcuna si ridussero a forme di vita umane fuori e animali dentro.

Quindi : Si io lo credo, attraverso l'educazione stessa e sì se si conoscono le motivazioni profonde e conscie poste nella Verità Assoluta di Dio, cancellando il relativismo e molto persone religiose tronfie di sé e del proprio potere.

Non un giudizio ma una semplice opinione questa mia, difficile porre delle immagini cosi diverse come tra un mendicante vero, magari anche scalzo da un passante frettoloso e ben vestito.

Non mi pongo il problema del perché delle due diverse immagini, ma rimane comunque un dolore in sé per me.

In questo caso nella mia immanenza si delinea il concetto del Giusto.

Che cosa è il Giusto ?

Io credo che il Giusto ha in sé una caratteristica Divina, è un attributo proprio di Dio e la Sua Giustizia sia perfetta; quella umana impallidisce nei suoi confronti in quanto in essa è assente la Misericordia .

Dare poi un forma alla Sua Giustizia mi è ancor più grave e sconosciuta.

E' stato detto e scritto :

" chi di spada ferisce, di spada perisce "

lo riferisce l'apostolo Matteo (Matteo 26:52) come parole di Gesù Cristo, l'Unto di Dio.

Il significato mi pare chiaro, qualsiasi cosa si farà ad un fratello (o simile) sarà restituita con la stessa moneta.

In molte regioni nel comune pensare e credere si afferma che se e qualora si faccia del Male , lo stesso ritornerà alla sua origine; qui o nell'al di là.

Idem per il Bene.

E' quindi posta nella Spiritualità umana queste sostanze come : Bene e bontà ?

Forse, ma non è certo, per nulla e per nulla scontato.

Dall'altro canto esistono anche grandi slanci di generosità', bontà e misericordia nella Coscienza umana, sfocianti in grandi azioni.

Statisticamente parlando però risultano proprio e solo accennate in un ipotetico calcolo, rispetto all'altra sua controparte " dualismo perfetto " e non è un paralogismo e non potrà mai essere confutato in nessun altro modo.

Sarebbe una richiesta ragionevole se si potesse chiedere a Dio di intervenire e sistemare tutto questo Male o non conoscenza Sua ?

E' stato affermato che il Male non sia stato creato da Dio, in quanto Dio ha fatto il Tutto, il Creato in Bene e buono, stante all'uomo di declinarsi al Male per sua natura.

Non escluderei tale concetto , ma non sta nella mia percezione del Mondo; dovrei avere una visuale maggiore di Dio e non per Grazia di sola Fede.

Il Male in sé è una parte che sta anch'essa nel Creato quindi con tutte le sue dimensioni e influenze.

Questo ragionare ha sempre più parvenza di filodossia che ci porta costantemente a rientrare nei circoli viziosi del pensiero interiore.

Tra passioni e pulsioni, il giudizio non sta più nella morale o nell'estetica ma nella sola Esperienza,............. quindi ?

L'Esperienza soddisfa in questo caso la risposta che Bontà e il Bene sono elementi di una costruzione che non esiste ; sempre ricercata, attesa, supplicata ma mai ottenuta.

A priori esistono ma non utilizzati, il predicato quindi scompare rimanendo un vuoto assoluto.

Ciò è rinforzato sia criticando la storia nei sui meandri più recondi che in ciò che vediamo noi stessi ogni giorno, sia all'interno che all'esterno delle nostre realtà.

La condizione di cui gli oggetti ci vengono svelati, sotto la ragione che ne deve pensare attraverso l'intelletto è definita : sensibilità.

Ebbene essa è morta, essa inerisce solo al concetto Creatore non al concetto Natura.

Nella nostra Natura, siamo riusciti a costruire uno scibile enorme partendo dal solo contatto di qualche neurone con altri contatti suoi simili, tutto ciò in così pochi chilogrammi di materia grigia.

Nel cogitare abbiamo riflettuto, la nostra attività costruisce il fondamento della certezza di vivere (soggettivamente / Cartesio), dell esistere con il criterio di poter misurare ogni altra possibile certezza.

Nella locuzione romana " *vivere est cogitare*" (significa vivere e pensare) risiede la forza dei curiosi, di coloro che con Spirito e corpo avevano, hanno e avranno una visuale migliorativa della Vita.

A molte domande senza risposte, sapranno darsi una certa pace e solidità' etica, senza ritorsione su se stessi e sul potere di *graziarsi* dei propri sbagli cogitati.

(7)

Della Panlogia

Panlogismo è un termine coniato dal filosofo tedesco E. Erdmann, della destra Hegeliana   , tale termine inserisce il concetto di razionalità in ogni aspetto della realtà.

E' una polemica la mia qui che ci conduce non ad una realtà dove si voglia e debba vedere solo il Bene ed estraniarsi dal Male non curandomene o nascondendolo, ma mi pare il risultato più logico.

In contro otteniamo la razionalizzazione integrale del reale.

All'opposto del concetto di Hegel :

" se è reale è razionale, se è razionale è reale "

Ma a priori a mio modo di capire :il Male esiste.

Tutto pare minato dall'aporia che ne scaturisce.

Si rileva nei trattati Hegeliani una continua ricerca e presenza costante della razionalità, così cerca di giustificare e dare un senso anche a tutti gli aspetti tragici del vivere umano.

Si cerca cosi di risolvere tutte le contraddizioni della stessa Vita, dalla suprema sintesi della Ragione e dello Spirito.

Asserendo che tramite la Ragione si cercano solo i risvolti positivi, affermando il Bene a un Bene più' elevato.

E' una concezione ottimistica della realtà che tende a superare l'incomprensione degli aspetti irrazionali dell'esistenza appunto con il concetto :

" se è reale è razionale, se è razionale è reale ".

A mio parere in parte è falso in quanto non tutto ciò che può essere sia anche reale, anzi !

Un esempio : sul piano politico, non sono reali i sentimenti degli individui, ma di certo è reale lo Stato.

Idem sul piano naturale : l'iridescenza di un arcobaleno non è veramente reale e palpabile ma e' reale di sicuro le leggi della Sig.ra Fisica che lo determina.

Pare che attraverso tutto ciò che sia logico annulli il tragico, rende tutto così giusto che pare proprio impossibile la sua cosi definita soluzione.

Anche se più tardi sarà affermato in lezioni sulla filosofia della storia e ne sarà l'ennesimo distinguo :

1.   l'alienazione = lo Spirito assoluto si potrà

riconciliare con se stesso

2.   l'estraniazione = lo Spirito si estrania , in quanto non

può averne consolazione

In pratica, si asserisce che la visione ottimistica della Vita, svanisce come nebbia al sole, quando si constata che il continuare e persistere della conoscenza infelice, quando si diviene vittima passiva del fatalismo.

Sopratutto di quello storico, dove gli individui sono sfruttate per un suo uso, per una scusa e cioè del presunto progresso provvidenziale.

Nella Provvidenza si possono notare alcune sue, tipo : la sovranità di Dio, le possibili azioni od interventi di Dio in soccorso al suo Creato, etc.

Benchè in Arte la Divina Provvidenza sia stata cosi Bene immaginata come un protagonista eccelso (per esempio : Palazzo Barberini tramite Pietro da Cortona, nei suoi affreschi circa 1630), mi duole dover asserire che molte volte non la si veda nella realtà di questo mondo e in tutto il tempo concessoci dall'inizio alla fine del tempo ultimo stesso.

E' stata citata per esempio anche dal Manzoni nei suoi Promessi

Sposi, dove la Provvidenza interviene influenzando gli eventi; va notato comunque che in tale scritto ogni personaggio ne dia una sua visione e non sia universale, già qui ci dovrebbe dare un di che pensare oltre e di strano.

I romani con il termine *Fatum,* (participio passato neutro) intendono " parola detta dalla divinità", in breve significa che il soggetto si deve adeguare e alla quale sia inutile tentare di dimenarsi e sfuggire al proprio accadersi , cioè al Fato.

Trovo terribile che sin da allora girasse questo dire :

"....Desine fata deum flecti sperare precando "

e cioè

...cessa di sperare di cambiare i fati degli dei con la preghiera

Qualcuno può dire di non avere avuto in sé questa terribile idea, ogni tanto o sovente del Fato o della Provvidenza ?

Non è da confondere il Fato con il Destino in quanto il medesimo in genere fa riferimento ad un insieme di eventi che accadono in una linea Temporale, la quale è soggetta alla necessità, e la quale non porta ad altro che ad una conseguenza prestabilita dai medesimi eventi o fatti.

Il Destino invece che determina il futuro (Tempo inesistente ma possibile in quel momento *stesso*) è determinato dalle nostre azioni e/o che sia per tutto il Creato che per i singoli elementi : percepiti viventi o meno che siano.

Il concetto risale agli Stoici che affermavano l'esistenza di un ordine naturale deciso dal Logos.

Nella maggior parte delle culture il proprio destino può essere conosciuto cosi si affermava, anche con pratiche cruente o tramite sostanze allucinogene.

Tutto ciò tramite e attraverso soggetti tipo : veggenti, Profeti, Sciamani o le famose Sibille.

Addirittura anche attraverso **<u>I Ching</u>** e cioè steli di erba millefoglie (*achillea millefolium L.*) o nel gettare monete formanti 64 combinazioni diverse, è più per una curiosità morbosa della dinamica della gesto casuale con un risultato a metodo in sé stesso non statistico ma matematico.

Con questi sistemi era possibile definire il futuro.

Qui quindi e' doveroso aprire una parentesi : cosa sono I Ching se applicati all'analisi di C.G. Jung ?

Pur essendo stata liquidata dai più come un'opera di raccolte " magiche " per molti esperti (con quale titolo definiti esperti ?), per altri troppo astrusa per essere intellegibile, per altri addirittura priva di senso,

Io la considero un metodo attraverso il quale può essere un valido sostituto della ipnosi medica, come d'altro canto è stata usata.

Attraverso questo metodo e' possibile indagare ed esplorare l'inconscio umano dove per esempio in occidente la scienza e' un fatto di casuale evidenza (considerata una Verità assiomatica) in estremo oriente è stato sempre più un fatto Spiritale misto a medicina etc.

In quanto ché , si afferma in tale Verità che se si lascia fare alla natura abbiamo bisogno del laboratorio per sperimentare subendo quindi incisive restrizioni, interferenze anche se solo parziali ad opera del caso, nelle quali poi si confano in tutto e per tutto a leggi specifiche che restringono il campo della cosa, della quale cosa questa azione sta nell'analisi.

Quindi ciò che noi chiamiamo coincidenza sembra essere la cosa della quale questa peculiarità mentale s'interessa principalmente, mentre per ciò che noi adoriamo come casualità passa quasi inosservato.

Passiamo buona parte della nostra Vita sotto il gioco della casualità ?

L'istante appare in questa Verità più un colpo di fortuna (il fattore K.... tanto caro alla modernità di oggi) che come il risultato di una catena di casuali concorrenti : sono gli eventi accidentali che assumo il momento e non ragioni ipotetiche che rendono conto della solo e nuda coincidenza.

Inutile dare una spiegazione delle risposte delle monete nei 64 schemi e dei loro significati in questo libro; ma attraverso essi esiste la possibilità di capire se stessi in ultima analisi e non la reputo cosa da poco.

Credo sia comunque un sistema utile alle sole persone riflessive e ponderate, in quanto è una via attraverso la quale si cerca di conoscere se stessi con spiegazioni che si collegano alla nostra interiorità pura e selvaggia, nuda e cruda.

Non serve questo metodo per conoscere il nostro futuro ma il nostro essere interiore .

Dal " libro dei mutamenti " gli I Ching, ci porta innegabilmente al nome di Jung il famoso psicoanalista e antropologo svizzero come già detto.

E' stato uno studioso definita da più parti come :

" profondo o psicologia complessa "

nel suo ultimo libro " *Mysterium Coniunctionis* " e cioè il matrimonio alchemico del Sole con la Luna;   riesaminando a fondo la teoria e il simbolismo alchemico, mettendo in luce il significato alchemico come ricerca Spirituale si ricerca la medesima.

La sua visione di Dio è di tipo ___Gnostico___ ⊕ e panteista ovviamente legati al mondo Platonico.

Addirittura Jung studiò l'astrologia legandola alle sue teorie dei tipi psicologici.

Fu suo relatore non di meno che S. Freud di cui poi si allontanò prendendo una sua visione propria.

Mi piace rammentare una sua frase

" sò di un Dio al di là del Bene e del Male che è altrettanto in me quanto in ogni luogo e al di fuori di me ".

Ecco forse quindi il senso del detto:

" conosci te stesso e conoscerai la saggezza degli Dei e dell'Universo "

il passaggio dalla sfera delle applicazioni psicologiche, attraverso l'analisi corretta del complesso gioco di " proiezioni simboliche " contenuti nei 64 esagrammi, fino a giungere alla sfera spirituale :

la coniuncio oppositorum junghiana

è concepibile al solo patto che quel dialogo interno e personale venga sacralizzato .

Alla fine significa proiettarsi oltre il proprio IO.

Mi pregio qui rammentare l'influenza di questo uomo nella letteratura, la sua influenza è palese per esempio in : Hermann Hesse, Cesare Pavese, T,S,Eliot.

Come ora non permettermi di collegarmi a M. Heidegger , suo pari in molte aderenze di pensiero ?

Di Heidegger mi piace quella sua magia dell'oltrepassare del suo esistenzialismo che   approda nel campo ontologico; nel quale si carica di suggestioni mistiche estremamente importanti e suggestive tematizzando il concetto di destino nel suo trattato " Essere e Tempo " .

Andando poi oltre : in tutto questo mio dare nozioni su pensieri e congetture mi piacerebbe ricondurre il Tutto compreso ansia e preoccupazione dei miei dire , trasformandoli tutti in una cosa sola e cioè il mito, un mito qualsiasi.

Per esempio quella della nascita attraverso il Sig. Caos con la Sig.ra Notte che ebbero come risultato la nascita della loro creatura di nome Destino, al quale nessun Dio o divinità poteva sottrarsi neppure Giove : lo trovo un'avvincente   e affascinante ripicca umana contro i livelli più in alto di loro stessi : una rivalsa di giustizia umana.

Potremmo tutti abbandonarci senza dover più affondare le nostre radici nelle nostre misteriose profondità del nostro essere : io, res e super io e cosi via per capirci e alla fine scoprire che in qualsiasi caso le nostre domande rimarranno oscure e oltre le nostre possibilità : siano sempre velate da dubbi e mai sicure.

Persino in molte mitologie e leggende illustrano l'inutilità di qualsiasi tentativo di sfuggire al Fato, ma al Destino sì : attraverso le nostre azioni.

Qui ad esempio c'è la sua controparte in quanto affermato da Socrate al Ciabattino al mercato di Atene, Socrate alla richiesta di un consiglio gli rispose così :

" ….qualsiasi cosa farai, sarà sempre quella sbagliata ! "

Quindi a quanto pare possiamo cambiare il nostro Destino cambiando o modificando le nostre azioni ma non il Fato che e' giustappunto immaginato nel passato come entità cieca, poiché interveniva a modificare il corso della vita degli uomini senza alcuna precisa ragione.

Il Fato poteva governare tutti gli dei dell'Olimpo e gli stessi non potevano fare assolutamente nulla nonostante i loro immensi poteri : nei miti quindi si nascondono profonde idee.

Potremmo chiamarla anche in un'altro modo, che io non mi sento di chiamare in causa ne qui ne in altro tempo, più per altro per un po' di scaramanzia mia.

In un modo o in un altro si sbaglia, sicuramente non volendolo, ma siamo umani : non agiamo per sbagliare avendone meditato anteriormente il fine stesso suo e della scelta migliore in precedenza.

Ma pur vero è che alla fine è così , la soluzione è accettare questo nostro essere imperfetto, rialzandoci il più presto possibile senza specchiarci nel passato, sperando ingenuamente di non sbagliare più.

(8)

<u>Del sogno</u>

La vita appare molte volte un sogno, interpretando una passo di Arthur Schopenhauer la realtà visibile e' apparenza e mera illusione.

A parte: il trattato " interpretazione dei sogni " di S. Freud, dove il punto focale pare solo un fatto con origine tutto erotico il più delle volte, in altre pare basarsi su processi onirici, etc. quindi di illusione.

La scienza ha formulato una tesi attraverso la quale si evidenzia che durante il sonno si consolida la memoria semantica.

Attraverso l'aumento del ormone " cortisolo " si ottiene l'accoppiata di ricordi distanti ma correlati.

Si dice che la funzione del sogno, in aggiunta a molti stimoli esterni, è fondamentalmente quella di lasciare esprimere alla mente sensazioni che sarebbero per un verso o per un altro represse dalla fase di coscienza attiva di sé (= svegli) oppure considerate non buone.

Sopratutto se esse sono basate su origini di esperienze dolorose.

Jung : suggerì che, i sogni possono compensare atteggiamenti unilaterali attuati da svegli.

Mentre in Jim Morrison pare una musica rasserenante :

"sogna perché nel sonno puoi trovare quello che il giorno non ti può dare "

La scienza afferma che il sogno è un fenomeno psichico legato al sonno, sopratutto nella fase REM.

E' ed ha una funzione mentale avente leggi e meccanismi diversi dai processi coscienti del pensiero e del cogitare, quindi esclusi dalla ragione.

A parte alcuni carboncini nella grotta di Lascoux, dove alcuni studiosi credono di aver scorto o visto in alcuni disegni dei racconti basati sui sogni, in modo molto semplice : nell'atto di cacciare un animale .

Mi preme qui far nota di una certezza sicura dei sogni e del loro medesimo confutare risale a XIII-XII a. C. i quali creavano (con l'opportuna traduzione di qualcun altro al solito) realtà vere, modificando le azioni dei soggetti.

E' in un libro fatto da tavolette di argilla seccate al sole e intitolato " *l' Epopea di Gilgames* " periodo dei Sumeri, cita

" colui che scrutò i confini del mondo alla disperata ricerca della vita

eterna "

dove si racconta in modo leggendario varie vicende per conquistare l'immortalità attraverso un sogno nel quale il re Gilgames incontra Enkidu.

Attraverso l'interpretazione che la madre Ninsum ne farà' , si procederà al racconto stesso.

Il sogno presso i Sumeri era molto importante sino a farne un rito definito *"dell'incubazione"*.

Avveniva che il soggetto scendesse in un luogo sotterraneo e sacro, nel quale dormisse la notte, lo scopo era quello di entrare in intimità in quel desiderio di avere risposte positive dell'incognito e quindi : del domani.

Al suo risveglio si apprestava a raggiungere un interprete (fiducia spesa nel nulla) che di solito definiva e interpretava trasformando il sogno in una profezia applicabile alla realtà stessa del soggetto.

In un certo modo o vista , avveniva e anche tutt'oggi avviene che i nostri pensieri prendono forma e possibilità nella spiegazione o interpretazione di qualcun altro, vere o false che siano.

Ci affidiamo così ad un incognita assoluta, dove l'incognita è la nostra assoluta e disperta necessita di sicurezza e assoluta perche non vediamo nessuna via di   uscita, alla fine siamo disperatamente vivi sempre e comunque.

La stessa prassi *"dell'incubazione"* era in uso presso i Greci.

Per gli Egizi, era tenuto in alta considerazione : basti pensare al sogno delle sette vacche grasse e sette di magre.

Riportate dal Vecchio Testamento, nel quale Giuseppe fece da

Veggente, pensando che tale sogno provenisse da Dio.

Personalmentecredo che fosse del solo suo indirizzo e non avvivo di Dio, un Dio che non è del Cristiano, nel quale allora non era Padre ma Dio vendicativo per esempio.

In qualsiasi modo il Sig. Giuseppe, ultimo figlio di un patriarca di una tribù non ancora inglobata nel concetto Ebraico interpretò un sogno : volente o nolente simile ad un veggente di oggi o di domani.

Giuseppe era quindi anche un Veggente ?

Esiste anche tra le molte sensazioni strane anche quella riportata nella Bibbia : di Mosè, che riguarda la descrizione che Dio fa di sé in un sogno allo stesso Mosè: alla domanda chi sei di Mosè si dice che qualcuno rispose così:

<u>" IO Sono Colui che Sono "</u>

Pare quasi che il sogno di Dio sia una diafania di Mosè.

Passando oltre quanto sopra : Persino nella cultura di massa si parla di sogni, basti pensare alla cenerentola di Walt Disney :

" I sogni sono desideri di felicità. Nel sonno non hai pensieri e ti esprimi con sincerità "

Nei sogni   io credo si possano vedere e sentire, rammentare e sfogare molti stress, dolori e desideri.

E' mia opinione è che serva a far collimare e mettere in binario ciò' che per un motivo o per un altro nascondo in me, nel mio Spirito e nella mia Coscienza .

Le valenze possono essere molte, ma di certo sono tutte mie e non uguali a nessun altro, la stessa regola vale per tutti gli esseri pensanti e non quindi ad ogniuno di voi.

Tral'altro e per esempio, questo meccanismo è proprio anche di gatti e cani, nel sonno sognano, gesticolando ed emettendo suoni, le orecchie si muovono e possono anche soffrire di sonnambulismo.

Non ho certezza che sia una caratteristica della sola specie definita " Mammiferi " ma ha molti succede di sognare e avere anche incubi al pari nostro probabilmente.

Esulando da tutto ciò comunque posso anche dettagliatamente esserne fornite dal mio fuori e in contrasto dei miei desideri interni, crearmi sollecitazioni che posso sfondare nel Bene o nel Male della mia Coscienza.

Come in un prisma ottico, un'emozione possa essere riportata all'attenzione della mia interiorità così come e' nella realtà, con tutte le varianti possibili date dalla mia Esperienza da sveglio.

Nel latino esiste una parola che associo spesso al dormire e fare sogni ed è " puteo ",

La parola puteo indica un luogo, per esempio   un pozzo , profondamente scuro quasi nero e senza fondo.

In questo intendo che il mondo nostro interiore è un universo sconosciuto nel quale tutto sia possibile e senza un limite se non alla nostra voglia stessa di non scrutarsi oltre un certo limite .

In tal senso non mi piace pensare ad uno schema attraverso il quale ci siano parti di me che vivono solo quando io non ci sono perché stia dormendo e quindi sognando.

Non mi curo del fatto che il sogno abbia parti diverse e siano corti in tempo benchè io durante i sogni li senta in me lunghi.

Mi piacciono invece i cosi definiti " sogni in chiaro " e li rammento sempre con piacere al mattino dopo.

Dove il soggetto può decidere la storia e il finale del sogno, questi sono definiti sogno in chiaro.

Credo sia evidente che così sia una " realtà " migliore quasi scaramanticamente augurabile ogni notte .

Almeno nei sogni sia possibile governare il proprio tempo e realtà all'opposto della Vita quotidiana da svegli, sarebbe già' di per sé un ragguardevole risultato.

Mi sovviene spesso pensare che se dopo il trapasso, il quinto stadio fosse un lungo, tranquillo , sia alla fine il paradiso assoluto.

Già da Tempo ho tolto l'ipotesi di congiungermi con i miei Avi; nel mio leggere, argomentare e pensare non ho mai trovato un minimo avviso di possibilità in ciò, se non in quel sperare, fantasioso già' di suo.

Benchè sia la Speranza un modo per andare avanti, ma, in questo caso è un termine vuoto di sé e di Paradiso.

Infatti la parola Paradiso ci dovrebbe dare subito la sua definitiva descrizione : luogo utopico non soggetto al tempo, caratterizzato dalla pace, io aggiungo totalemte immerso nel Nulla.

Paradesha o paese supremo in sanscrito, Senofonte ne spiega delle sue con i giardini persiani, dai quali più tardi nacque (alchemenidi) l'origine del Paradiso terrestre, il nostro Eden.

Oggi il Paradiso è considerato il cielo, comunque sia GPS permettendo ha sempre la stessa valenza di luogo di piacevole pace, che alcune persone vorrebbero con _piacere_ sostituire alle domande solite.

Al merito dello Stil Novo di Dante che nella sua Divina Commedia mise l'Amata Beatrice come collegamento con il Divino nei gironi del Paradiso, Dante ci invita praticamente a sognare nel sogno.

Meravigliosa soluzione : sognare in un sogno, nel quale mettere a piacere i soggetti a noi cari e le vicende migliori delle nostre esperienze fatte nell'unica vita passata.

Purtroppo per Dante , Beatrice dal Purgatorio rimproverò Dante dei suoi studi di filosofia che fece dopo la sua morte avvenuta intorno al 1290, probabilmente perché lo stesso divino Dante ebbe la percezione che attraverso la filosofia ci si possa smarrire, forse che sia il suo dire :......_nella selva oscura......?_

Alcuni critici affermano che la sua Filosofia fosse di derivazione tomistiche e platoniche mi pare molto probabile..

Mi chiedo spesso perché si torturasse cosi da sé il Sig. Dante,

mettendo in bocca all'Amata una ramanzina dall'al di là a se stesso ,
comunque sia : che nascondesse un senso di colpa per qualcosa a
noi ignoto ?

(9)

<u>Della Metafisica</u>

la Metafisica alla fine può essere facile e difficile nello stesso suo momento (altro dualismo) .

Da un lato è <u>difficile</u> perché le domande in se poste sono ovvie, non sono di difficile intendimento, purtroppo non li si colgono mai in tutta la loro profondità ed estensione.

<u>Facile</u> perché i principi di cui elabora sono per tutti uguali e ovvi per tutti e tutti ne hanno un'idea giusta o errata; addirittura essa si presenta così semplice che sono di possibile discussione per tutti.

Purtroppo la Verità dei principi è sempre colta in modo umano e quindi imperfetti : questo è uno dei primi grandi ostacoli.

A chi ne voglia spogliare e mettere la Metafisica a nudo, dev'essere in umilissima disposizione d'Animo.

Per capire le Verità non si può delimitarla usando i Principi stessi, perché sono proprio i Principi che stiamo cercando.

Dobbiamo per forza partire dai fenomeni (Kant / Arthur Schopenhauer / etc) della realtà e delle esperienze stesse: in tutte le loro varianti e sfumature.

Infatti i filosofi, teologi etc. parlano e si chiedono sempre tutti : sulle stesse Verità, trovando ognuno, una loro visione, illustrandola con vocaboli diversi con molte ritrattazioni e controsensi se non in molti casi anche contraddizioni.

La contraddizione in Metafisica è come il sale, è quasi impossibile non averne, ad ogni passo verso di Lei, le contraddizioni si sommano a iosa.

E' determinante anche se solo implicitamente logico, che si debba dire quel che va detto in modo sensato.

Si deve padroneggiare con la sintassi, in modo che ci sia un ordine grammaticale, attraverso il quale sia possibile farsi intendere del proprio dire per esempio e non sempre si riesce a farlo.

Si deve giungere all'impossibilità che sia negato, quanto viene asserito da ragionamenti altrui o del proprio, senza arroganza accogliere in sè anche delle discordanze e controsensi : alcune volte risultandone anche costruttivi.

Il confronto di diverse : tesi, pensieri o congetture devono essere confutate e scartare tutto ciò che non è sotto l'eligia dell'Esperienza.

La Metafisica deve avere un tema libero, come di una persona su un monte che osserva un orizzonte di ampio respiro; quel respiro è la sua realtà, la realtà del suo indagare " l'oltre ".

D'altro canto come sarebbe possibile separare il soggetto all'oggetto fuse nella propria e personale realtà ?

Fanno parte entrambi (soggetto / oggetto) di un concetto unico, benchè i medesimi siano concetti ben diversi tra loro.

L'uno esiste perché esiste l'altro , _dualismo positivo_ perfetto della realtà medesima stessa.

Il pensiero per esempio può essere sempre e solo pensiero dell'essere, e l'essere è sempre colto nello suo stesso pensiero.

E' da escludere altre ipotesi che sia Giudizio o Fede appunto per esempio, non avrebbe una sua controparte bilanciante.

Le conoscenze, la propria storia, i sentimenti etc. formano l'Esperienza.

E' il jolly del mazzo dev'essere sempre presente; non sarebbe possibile costruire nulla in sua assenza.

Nelle scienze esatte si parte da un inizio, all'opposto della Metafisica che non ha un inizio ma un tema da svolgere e quindi non ha un inizio in sé per sé : come l'Eternità in un certo senso, e neppure una fine.

L'Esperienza è singolare da sé, la si può distingue per differenza sulle altre esperienze, quindi è unica per ogni uomo.

Così come ogni nuovo elemento, ne richiede un'altro e un'altro ancora e ancora in una continua relazione e correlazione tra di loro, a costruire ciò che appare ribelle , complicato e bizzantino.

Va anche detto che essendo noi finitamente finiti, non potremo mai averne una visione globale, avremo sempre domande da porci.

Sapremmo per esempio il " come " e non il " perché" , ciò perché a priori noi ne facciamo parte integrale e non credo sia possibile uscire dal gioco ed osservarne il tutto dall'esterno.

Per fare Metafisica si può partire dovunque ma sempre da una Esperienza, se volessimo spiegarla bene dovremmo partire da esperienze comuni e simili (non uguali) e che si possano verificare.

Ciò permetterebbe allora ad acquisirne spunti anche se non in atto compiuto.

Non si giungerà mai o difficilmente si giungerà ad una conclusione partendo da un discorso perché sarebbe un metodo delle scienze, in quanto la Verità in sé, non può essere acquisita ma solo intuita (sentita dentro), partendo dall'accettare per vere il predicato e i concetti in sé esposti .

Non si deve capire e interpretare ogni singola parola di un discorso in quanto non è come una formula scientifica ma, il suo senso generale, e le eventuali giustificazioni entreranno in una seconda fase per esempio; l'importane è che non si contraddica dall'interno, in questo caso cadrebbe come un castello di carte, perdendo tutta la sua consistenza.

Nella purezza dei pensieri che scorrono lungo le parole : Verità, Dio, Eternità, Spazio e Tempo per dirne qualcuno, sono fonte di piacere per l'uomo che li insegue o per lo meno lo è per me.

Non esiste una genesi unica della Metafisica, essa è formante di sé in sé nel momento stesso che ci si pongono quesiti attivi : quindi le domande.

Come il piacere e la felicità, consiste nel raggiungimento del fine proprio, così l'animale-uomo essendo libero e cosciente può indagarsi sulle idee e dei principi : chi siamo, dove andremo, perché siamo qui ora, etc. sono bisogni Spirituali mescolati con bisogni anche materiali, in una continua ed Eterna successione e mescolanza.

Mai dimenticando cosa ci bolle dentro guardando un fenomeno Naturale come un tramonto, e mano nella mano con colui o colei che Amiamo; guadando oltre le parole, i concetti e le nostre condizioni umane : forse che il PARADISO sia così è tutto qui ?

A voi indagare e ricercare la vostra risposta esaudiente al vostro sentire dentro le vostre idee e pulsioni.

Un grande augurio a tutti, perché la vostra Vita non scorra mai nella " quiete ignoranza " ... come affermò il grande illuminista John Locke.

(10)

D i o

(e una molecola di H2O)

A mio avviso , Dio è causa di Sé Stesso e null'altro : è Eterno ed Immortale.

Esso non è Artefice di altro o altri che del Suo Solo Essere Infinito.

Dio è l'Atto del primo movimento del tutto, in un caos di regole e sistemi finiti in un tempo e concatenati tra loro in una serie di " monadi " o unità qual si voglia dire.

In Dio molti pensatori hanno visto un Essere " pensiero del proprio pensiero ", assoluta contemplazione di Sé e lontano dagli accadimenti del Mondo creato.

Altri videro un Essere Dio provvidente, il Bene sommo, l'Uno che emana il resto Tutto.

In tutto ciò, Dio, sà di tutti gli eventi compreso il nostro agire in ogni nostra frazione del tempo, del risultato stesso del nostro libero arbitrio.

Dio è all'al di là delle cose evidenti, nulla penetra in quanto non esiste forza tale per poterlo fare.

Dio supera nella sua Armonia la nostra logica e l'idea che noi abbiamo sinora di Lui.

A noi risulta (Dio) inconsistente come il pensiero, ma il pensiero è il potere della Realtà medesima Sua e nostra,

Risultando più facile e magico avvicinarsi al primo Pensiero " Dio " attraverso l'Arte e la Musica, ciò in quanto scaturite dalla passione umana e dal pensiero stesso Suo pensiero.

La materia diviene quindi pensiero della nostra interiorità e nella Naturalità del Creato stesso; divenendo così la nostra perfetta autocoscienza.

L'idea è la sintesi che scaturisce dalle tesi e antitesi, portando il procedimento del processo di costruzione della comprensione delle realtà a noi note.

Dio si dispiega così e nel giungere nel tempo umano si realizzano con gli eventi decifrati al corto con _l'arguzia_ umana.

L' Idea Divina rimane   in sé immutabile e sospesa, all'opposto dell'idea umana in continua sua evoluzione; sacrificabile e cedente alla prossima scoperta o diversa visione.

A Dio possiamo avvicinarci solo attraverso il pensiero razionale, forse essendo Lui stesso Pensiero Puro e Pensante, ma è di difficile causa pensare che sia possibile farlo con la nostra caratteristica umana e quindi limitata.

Infatti è attraverso lo strumento " cervello " come già accennato che sia possibile intravedere qualche Sua caratteristica.

E' in questa logica materiale che ne scaturisce il Pensiero   " Spirito " e o " Anima " e tutte e varie e infinite idee e impulsi che ne consegue.

Dio ha quindi creato un Universo con una Volontà (generale) senza meta ?

Dio ha condannato l'uomo " una sua creatura " o uno dei suoi tanti progetti all'infelicità del suo bisogno di indagare e giungere alla morte senza aver ottenuto lo scopo, se scopo ne sia ?

L'evoluzione Umana e del Creato tutto è una costante in un atto continuo, il suo progredire non potrà mai arrivare comunque in nessun tempo suo alla visione globale dell'Assoluto Unico Dio.

Nessuna scienza, mente, metodo, sistema etc. ha la componente risolutiva del quesito principe e cioè : Dio.

E' da questo inizio che si originano tutte le altre.

Dio non libera l'uomo dalle sue paure , timori o disperazioni , benchè all'uomo non manchi di preghiere e atti giusti, il più delle volte in regola con le leggi Divine dettate dagli Uomini stessi.

Non nel multiplo ma nell'individuo sono annoverati : contraddizioni, angosce, gravi e pesanti responsabilità, scelte decisive e cosi' via in una scalata continua formante dei colossi inguardabili.

Ove non esistano queste, allora esiste per esempio la noia di eventi ripetitivi, nella banalità , in una propria realtà in concomitanze a realtà diverse a realtà di altri individui in simili e comuni altre realtà

In tutto ciò si avvertirà subito il freddo vuoto intorno a sé.

E' aberrante pensare quindi di vivere per la morte fisica, emergendo da un nulla per finire in un'altro nulla.

Io credo esista un orizzonte più vasto, fatto dall'Essere Trascendentale e quindi da Dio.

Esso è inarrestabile e l'umanità deve consapevolmente accettare la propria ricerca condizionata da un'intrinseca completezza limitata.

Quindi sempre consapevoli del nostro proprio limite, in compagnia dei molti propri insuccessi : passati e futuri; l'anamnesi di Dio non esiste in nessuna realtà, pensiero o idea se non nello Spirito del Pensiero.

L'appercezione di Dio diviene consapevole nel momento che l'idea diventa pensiero espresso dal soggetto.

L'archetipo primitivo e originale è solo Dio, motore e motivo di Sé; Esso è libero, incondizionato e incondizionabile, perfetto e non ha quindi bisogno di cause per esistere; Esso è un : _Atto Puro._

Non siamo certi di esistere in un panglossismo ma nella realtà stessa possiamo sentire appercendo in Dio la Sua propria e unica Prototipia.

La scienza negli ultimi anni ha affermato che sia possibile (e non probabile) che l'universo non ha avuto forse (badare il Forse) bisogno di un Dio per esistere e funzionare.

Ciò ha valenza di sola teoria e mancano prove assodate e provate; l'idea senza percezione dello Spirito rimane una costruzione svuotata di ogni sua precedente prova (che non esiste al che mi rammenti) , al ché quindi non vuota e da riempire : ma Nulla.

Senza Spirito non esiste pensiero, ove non esista pensiero non esiste realtà alcuna : noi esistiamo perché pensiamo (Cartesio = cogito ergo sum) e pensiamo perché aventi Spirito affermo io.

L'affermare l'ovvio è sempre un inizio o azione a ciò che è comune per altre realtà e-o delle realtà delle persone come esseri pensanti.

Con eventuali menzioni altrui, nell'esprimere il riempirsi del proprio vuoto si completano, instaurando la propria linea di pensiero.

Con lo scoprire e così poter sperimentare le visioni proprie e altrui : Dio rimane sempre una trasformazione interiore, lontana e sconosciuta.

Leggerle nel proprio Cuore poi è ancora più facile perdersi, la realtà allora in sé e per sé nega l'ovvio e questo è una certezza : per la nostra imperfezione rispetto a Colui che mossè il Tutto mettendo a nudo la nostra completa incompiutezza d'esser umani .

Possiamo quindi tentare di cercare al nostro interno tutto ciò che manca e quello che ci manca sovente è proprio la Sua ricerca stessa.

Di difficile interpretazione è poi questa Sua assenza nell'epoca attuale del XX° secolo, sotto molti aspetti.

Sotto molti aspetti Dio è stato smarrito da un passato che pare scollegato dalle necessità attuali del pensare e agire umano, come cosa probabilmente superflua.

In questa perdita si è evidenziata la disperazione del vivere, come trascinati dagli eventi in sé medesimi, senza tentare di indagarne sulla Sua assenza, del perché non Lo si tema più per esempio.

Forse che questa sia l'ennesima declinazione di una visione Divina che Esso sia morto ?

Di che nuova visione di Dio necessitiamo per ricominciare ad Amare e Temere Dio ?

Non conosco e non esiste un modo semplice , mai comunque l'uomo ne ha trovato uno per scandagliare ciò che forse non ci è permesso.

Pare che non ci sia data possibilità alcuna in tal senso, a meno che non si seguano Dogmi o Riti attraverso i quali le domande e le risposte sono governate da un Verbo che sazia apparentemente e interiormente con le sue regole.

Abbandonando così ogni ulteriore senso di necessaria curiosità indagatrice.

Gustandosi così in toto quel pensare per non doverci ragionare :

" cosi come è stato per i miei nonni , genitori, lasciamo tutto così; oppure perchè lo affermano i testi Sacri e quindi va bene così comunque! "

Non credo sia una sorpresa quanto sopra, in quanto si sente, si vede, e sopratutto si percepisce in modo molto tangibile in questa nostra breve Vita in ogni suo istante.

Appunto, il mio dire dell'estensione di una Vita umana:

" in un attimo.... "

non ci permette di ulteriori passi per svelare l'aspetto Spirituale in noi insito dell'idea di Dio stesso.

Considero anche una nostra presunzione poi, il congiungerci in quel dopo che è la morte con Lui, questa mia idea risulta persino per me fredda, solitaria ed ingrata, senza un compenso, ma mi chiedo

<< possibile che ne sappia più di là che nello stare di quà ? A parte il modo che ne conoscerò, possibile conoscere il Tutto, Pensiero del Proprio Pensiero, Dio.... >>

Il Bene e il Male sono transizioni di questo nostro vivere qui, governati dalla Logica, Etica e Razio e che a nulla servono per una Sua conoscenza diretta.

Tutto ciò serve solo ad indirizzare e annusare delle possibilità : nette e crude; e tali rimangono.

Tutto qui pare governato dagli eventi declinato dal Fato e dal Destino, sofisticati meccanismi dei fatti tangibile non tangibili che si concludono nella sola reale realtà individuale, che ci circonda e tutto ciò sempre in assenza di ulteriori conferme e novità scientifiche.

Tali siano comunque non avranno mai la possibilità tecnica di trovare una Sua parte in una provetta di laboratorio, anche se Essa fosse infinitamente piccola.

Dio è da ricercarsi in qualcosa d'altro che sia la scienza; la maggior parte dell'esperienza scientifica nega e indaga in parti diverse su piani diversi in aspetti diversi.

Le eventuali scoperte scientifiche non faranno altro che dipingere il mistero della Sua Infinita Potenza che per profondità ed estensione è Eterna con un bollettino ben fatto nel quale sarà ripetuta la frase :

mancano dati certi dai quali partire a speculare sulla sperimentazione

definita : Dio.

Ridicolo al solo pensarlo.

L'uomo si declina nella sua visibilità, delle sue varie realtà; l'avvicinarsi a *Dio* necessità della Spiritualità interiore.

È nella sua immediatezza sempre presente che va ricercata quella piccola Fiamma che arde, originata dal Pensiero Divino.

Ricercare quelle poche note che conosciamo della canzone generale e intera del suo Fare e considerarle per quel che sono e farle crescere.

Non è detto poi che le note siano uguali per tutti, probabile, ma non è certezza neppure questo.

Come certo che non ha tutti sia data una dose ben specificata di tali note; indipendentemente poi che possa essere condizionata anche dall'ambiente, dalla storia : di ognuno.

Tra l'altro, questo potrebbe dare un senso alle diverse Coscienze interiori stesse di ogni essere pensante, in proporzione a quanta ne sente e ne è propria in sé.

Posso senza temere di essere smentito che tutto ciò sia etichettabile nel concetto della Sensibilità' .

Come da più parti già enunciato : dove se non nell'Estetica possiamo trovare e sopratutto nell'Arte in generale la sensibilità ?

Quel sentire diverso del Creato che dall'interiorità medesima ne esce e vaga per Esso ?

Il Bello è di Dio, quel sentimento d'Amore verso la propria Donna è di Dio, l'empatia verso i propri simili è di Dio.

Quel tenero sentire è alla fine una caratteristica io credo dello Spirito, quindi a parer mio _profuma_ di Lui.

È su questa strada, che poco si vede avanti a sé, e nel quale il tutto è abbracciato da nebbie e buio, si debba proseguire la ricerca di quel Tutto, di Dio Essenza di Sé.

Può anche essere che sia da ricercarsi in altri nostri simili, i quali comunque si troveranno nelle nostre stesse condizioni/realtà, percezioni ed impulsi magari diversi o magari simili.

Si dovrà riprendere il cammino forse già fatto da precedenti pensatori, compreso S. Tommaso d'Aquino, il quale per chiarezza e semplicità espositiva ha dato un organico pensare che andava un po' oltre ai suoi contemporanei a mio parere.

Non in tutto potremo con cognizione propria accordare il nostro consenso totale a tutti .

Dove e quando mai una tesi o una congettura fu o è stata accettata in toto da tutti ?

Di esempi nella storia a noi giunta è successo che molte tesi in vari campi fu motivo di scarso interesse se non di scernimento o peggio di pena capitale.

Va poi da sé che dopo (_dico dopo_ ! Furono stati causa di dispiaceri se non di morte) furono non solo accettati ma anche sostenuti; il più delle volte quando gli stessi pensatori già giacevano freddi in orizzontale nel loculo.

La spiegazione di ciò che mi sono sempre dato è che in fondo una cosa funziona se espressa nel giusto momento.

In caso contrario si corrono serissimi rischi anche fisici per un proprio solo pensare diverso e nuovo, non trovando in nessun essere un punto comune per ragionarci.

Scivolando oltre il giudizio proprio in quanto per ultima analisi il giudizio è solo Divino, ci rimane l'opinione, alla quale ci si abbandona.

Scrutando nel fondo profondo di un tempo che cagiona una continua trasformazione di ciò che poteva essere giusto prima e di divenire un errore o sbaglio poi.

Tutto ciò in un suo continuo trasformarsi nel movimento del pensiero, anche a rischio di essere anche al minimo frainteso.

Esplicando meglio questo mio dire, posso fare immagine di questo in questa idea : Una goccia di acqua o molecola di essa per trovare una trasversalità Divina della Sua costante presenza.

Non credo sia falso affermare qui che probabilmente in me o in voi esista una molecola di acqua (provate a immaginare una goccia d'acqua) che la medesima non sia già passata in altri enti o soggetti , per esempio : il mare, nelle nuvole, nei dinosauri o in una riserva sotto terra che poi sia sgorgata in qualche parte della Terra a me ignota .

Prima o dopo in voi la stessa molecola di acqua sarà passata o passerà.

Uguale a qualche molecola di acqua che da me sia passata oltre in modo fisico alla mia stessa realtà fisica e che stia ora cadendo sotto forma di neve in Antartide, o ancora meglio imperverserà in qualche violento evento in Florida, o ancora che in un tempo lontana (in avanti o indietro nel tempo) sarà incluso in qualche massa di roccia tipo conglomerato o altro di simile, o nei ghiacciai di qualche fiordo senza nome.

Ora se sostituissimo la parola " goccia o molecola di acqua " con il concetto " Spiritualità " il gioco è fatto.

Si avranno subito e in men che se ne dica una serie di deduzioni e collegamenti; mi pare inutile qui sfogliare tutte le possibilità ad esclusione di una a me cara e cioè che tutto è attraversato dal Pensiero Divino.

Cioè in qualche maniera non è da intende che sia fisicamente in queste cose, ma le governi impregnandone di significato o luce, o energia …….chiamatela come vorrete.

Intendo dire con questo che il Creato è percorso dal suo Essere Entità, portando con e in sé quella cosa che è sospesa in tutto e non si svela mai del tutto : a voi il compito di dargli un nome significativo come il mio : di Sensibilità .

Cioè, è in tutto il Creato qualcosa che può essere qualsiasi cosa o essere presente in forme diverse e aspetti diversi rimanendo sempre Sé stesso.

Io credo che tale elemento sia potenza Divina, della quale non abbiamo esperienza diretta in quanto non abbiamo termini per poterla rilevare, ma esiste ne son certo, in modo trasversale al reale nostro visibile ed esperienziale.

Come già asserito da precedenti pensatori in varie epoche, esistente nella nostra Vita ci sono livelli fondamentali :

1. Visione nostra interna = realtà interna, governata per esempio da varie altre sotto classi (vedi x esempio S. Freud : Io, super Io, Res ....)

2. Visione nostra esterna = la realtà esterna al noi interiore e quindi trascendentale.

3. La traduzione nei due sensi delle realtà interne/esterne e il loro inverso.

Sia la prima che la seconda è attraversata dalla Spiritualità, in parte innata e in parte acquisita ed evolvente : chi in un senso chi in un'altro sopratutto nel 1° caso ciò avviene.

La problematica maggiore risiede nella terza di cui io credo e cioè nel tradurre in chiaro nei due sensi (1 & 2) la cognizione pratica delle due realtà tra di loro.

Le varianti sono enormi e diversificate in base agli eventi esterni ad esse e tra le medesime.

Per esempio il fattore sociale, tanto per intenderci e dirne una delle tante.

Non è, ne il luogo ne il tempo per parlarne : ci porterebbe in altri orizzonti lontani dal discutere presente.

Diremo solo che per esempio , l'aspetto sociale è la complessa realtà di tutti gli altri esclusa quella in oggetto, che può cambiare la stessa realtà individuale in modo serio e alcune volte in modo determinante.

Un esempio è che in nome di Dio troppe persone sono morte inutilmente a parte i conflitti veri e propri : *le loro realtà sono state annientate dal potere del momento storico in atto.*

Troppe persone hanno parlato e agito in nome di Dio, contro la misura che io associo al termine " Misericordia Divina " : idem : *le loro realtà sono state condizionate dal potere del momento storico in atto a loro piacimento per una sorta di corrotta ignoranza.*

Si capisce con facilità che tutto ciò è ostacolo alla comunicazione tra esterno ed interno, riducendo tutto ad altro che a ciò che serba, mettendo la Coscienza in perenne esilio e non permettendo un equilibrio costruttivo del Pensiero Divino.

In ciò io non riconosco nessun Suo Disegno, posso solo affermare che il Suo mancato intervento è di ostacolo al proseguo mio in tal senso e all'impossibilità di comunicazione tra realtà interna e realtà esterna; questo non mi aiuta di sicuro a capirne il perché Suo.

Probabilmente la percezione del mio tempo non collima con il Suo Essere Eterno e il Manifestarsi non è nel mio calcolo temporale, ma, nel Suo e quindi il mancato Suo intervento non sia una Sua disattenzione al Creato ma qualcosa d'altro che non so e mi turba.

Dio, non lascia intuire appunto nulla di possibile nella Sua possibilità, è molto complesso già nella superficie di tutte le nostre idee e congetture indirizzate al termine " Dio " di sé, lascio intendere cosa ne sia l'attesa che non arriva quando ne necessitiamo.

E' una delle scommesse umane più grandi a mio parere : il definire cosa Sia e come poterlo immaginare questo Primo e Unico Motore di Sé, dandoci la Speranza di un Vivere per non morirne già qui, ora e prima della nostra fisicità umana stessa : un contenitore del Pensiero Spirituale Suo in miniminissima parte.

((11) ⊕)

Scienza tra Il Male e la Luce

Partirò lontano nello scibile e del conoscere, del pensiero per giungere alla Luce, antitesi perpetua del Buio.

La scienza quando analizza qualcosa concernente l'Empirico , lo collega al pensiero umano su Dio , il Male o il Bene, oppure no ?

Personalmente non credo, anzi può che solo confutare che i suoi strumenti non ne siano capaci, ma ci sono scienziati che nel loro ricercare danno anche nomi altisonanti a delle loro scoperte come per esempio :

il Bosone di Dio.

Senza entrare in questioni profondamente difficili anche nell'illustrarlo, possiamo dire che alcuni scienziati possono confermare ed affermare la Sua incredibile Bellezza e Sapienza del Suo Fare ?

Si, io ne confermo a mio modo di vedere che il Creato sia infinitamente Bello e cruento.

Ma i medesimi scienziati affermano che nonostante i grandi risultati ottenuti sinora e inimmaginabili solo a pochi decenni fa, rimangono sempre e solo nell'incerto e nel buio sul Tutto Suo.

Come mi piace del concetto buio, utilizzarlo pensando ad una sua derivazione del pensiero Arabo antico di cui ho letto da qualche parte.

Esso afferma che : Il Male deriva da una parola che indica il colore del tartaro dei denti, scuro e malefico che rovina gli stessi, di qualcosa che è di quell'oscuro proprio dei nostri peggiori timori infantili.

Ed ecco che da qui possiamo parlare del Male in sé e per sé.

Quindi eccoci incominciando per esempio da Set, divinità Egizia di 3000 anni fa; uccise il fratello per invidia, smembrandolo e disperdendone le parti in largo e in lungo nel mondo.

Per poi lo stesso rinascere a opera dell'Amata , la quale mise o per meglio dire riassemblò le parti dandogli vita, esso rivisse e si riunì all'Amata.

Questo è tra l'altro motivo per me di una gioiosa forza, magari romantica, ma nel tra due enti che si Amano e trovano nel reciproco soccorso l'andare avanti e risolvere i problemi se si Amano, comunque sia il fondo di questo mio dire è che l'Amore (sempre molto vicino a Dio) e fa miracoli.

Sicuramente siamo nel contesto dell'episodio descritto considerarlo oggi come un mito e non leggenda : con tutte le conseguenze della critica in sé.

Benché ciò e a parte loro, non c'era un di che di Male o una controparte diversa e cioè non c'era l'intenzione d i illustrare in Set una personificazione del Male.

Significa che non c'era una stessa medaglia contenente il Bene e il Male come ora.

A me sovviene pensare che assomigli a qualcosa che noi Cristiani conosciamo già con altri nomi, comunque nella fatti specie di : Caino e Abele.

Anzi nella nostra Religione : nessuno fu riassemblato ma semplicemente sparì in quanto morto.

Pur vero è che si afferma che colui che uccise il fratello ne pagò le conseguenze come sappiamo, ma mi chiedo che senso abbia avuto che Caino visse mentre Abele spari morendo ?

A quell'epoca di Set non esistevano demoni, per intenderci il diavolo o demonio non esisteva.

Questa del personificare il Male pare a me che sia un'idea moderna in base a riferimenti storici e archeologici.

Mi pare anche che sia così dal momento che l'uomo adorò un solo Dio.

Anticamente le Divinità avevano anche forme di <u>Animal</u>e.

Ecco un'altro esempio : mi viene in mente per esempio il Dio Pan, mezzo uomo e mezzo caprone, con zoccoli e corna, gambe coperte di folti e irsuti peli : non vi rammenta qualcosa ?

Figlio di Ermes e della Ninfa Driope, quindi non un Dio Olimpico, tra l'altro fu l'unico semidio a morire, così affermò Plutarco nel suo

" De defectu oraculum "

Va da sé che la parola panico, deriva proprio da lui : metteva paura assoluta a chi lo disturbava, con urla e schiamazzi se non altro all'improvviso.

La paura o panico (Pan) abitava appunto selve e boschi, in grotte e vicino a sorgenti.

Padrone di molte cose, come per esempio : la natura in generare; di carattere complesso per lussuria, Dio del Caos, gaudente e sempre contornato da giovani donne.

Dico tutto questo per cercare e capire io per primo quanto bizzarro sia ed è stato il nostro pensare e temere, di coloro che lo adorarono, come per tutte le altre Divinità passate.

Fu così importante che lo stesso famoso Erode, quello dell'epoca romana , creò dei santuari dedicati a Lui : tra grotte naturali ed artificiali fu onorato di preghiere e anche con sacrifici dagli uomini,

Era d'istinto animalesco; con la conquista Mussulmana molto dopo, sparì addirittura, trasformato in qualcosa d'altro e più vicino a noi.

Altro esempio : in India stesso percorso con altri nomi, immagini e vesti.

In India si venerano Divinità che paiono violente , ma non lo sono alla fine, in un dualismo positivo continuo : Bene/Male, buono/capriccioso, vendicativo/padrone.

L'Induismo per esempio, Religione più antica di quella Egizia dei

Faraoni, la Dea Kalì, ha per cintura una serie di teste umane, eppure non è assolutamente considerata maligna o malvagia che dir si voglia.

Sciva il Dio della Guerra quindi atroce e violento non supera la stessa Kalì, comunque neppure lui è considerato cattivo o male.

Tutto ciò perché, in questa religione e cioè l'Induismo il Male non esiste; ciò che noi consideriamo il Male diviene tale nell'uomo, che lo fa vivere e quindi lo personifica, alla fine non è un ente a sé stante e totalmente cattivo e negativo.

Alcune volte lo si sente affermare anche nella nostra religione questa sfumatura tutta nostra e a ben pensarci molto amara.

Pare che significhi anche che in un certo senso e secondo me: il Male sia fonte di una strada nuova che porta al Bene.

Attraverso il Male e il pentimento , pare più facile percorrere o iniziare a percorrere la strada del Bene.

Questo è un concetto profondamente di S. Agostino d'Ippona, una similitudine al suo vissuto, comunque udibile nelle sue

Confessioni.

Confermo a me stesso che questo modo di vedere sia molto vicino al nostro pensare Europeo.

Sembra che in molte Religioni il Male è castigo dato   dalla/e

Divinità.

Che pensare di tutto ciò ?

A che serve tutto ciò ?

Serva a sollevare il morale, non per chimica o stupefacenti; oppure che forse esiste sempre una soluzione ?

La Terra Santa è patria di tre Religioni monoteiste, sono terre di preghiera e non di poco peso .

Piccola nota : io considero la preghiera, qualsiasi sia, di qualsiasi Religione un modo di estraniarsi, strapparci dalla realtà affidataci e avvicinarsi a quel sentirci vicino a Lui.

Ciò a me non da regole o metodi o riti di che, in un certo senso usare la grande Misericordia Sua per i miei simili significa che Lui ne abbia data a me in abbondanza; sapendo che non porterò nulla da qui a là mi rincuora molto , rendendo la mia empatia verso i miei simili molto sicura.

In quella Santa Terra di 2500 anni fa, fu la prima a specificare e regolare il concetto del " Male ".

Per esempio : 2.500 anni fa (a. D), il Popolo Ebreo avevano molte divinità, compreso un certo Sig. Baal che assomiglia molto al Dio Pan in alcuni aspetti.

Con Mosè diviene poi stretto lo spazio del sopravvivere di tutte quelle divinità presenti in quelle Terre , le quali saranno poi definite Terre Sante.

Fu in quell'epoca che si misero regole di pensiero e attraverso successivi movimenti e Profeti distrussero templi dedicati a Baal , ed ecco che d'un tratto il Sig. Baal divenne un demone.

E' semplicemente ipocrita tutto ciò : nel giro di poco tempo gli uomini scambiarono la posizione di una Entità da loro stessi creata Buona in un Male assoluto.

Tanto per terminare questo penoso nostro fare : in molti film, il Sig. Baal lo si identifica con il Male ancora oggi, benché non fosse così nato e pensato, da centinaia di migliaia di persone e per un lunghissimo tempo (umano) fu amato e onorato dagli stessi.

Questo non succede solo per il Sig. Baal ma per una moltitudine di Divinità che l'uomo ha adorato e temuto a lungo.

Tirando una conclusione veloce e d'impulso mi viene da pensare questo : conosciamo talmente poco Dio che se il Dio che onoriamo con le nostre preghiere non ci dà risultati lo sostituiamo con altre in quattro e quattr'otto, perché non fa quello che desideriamo noi, noi che siamo le Sue creature.

Un po' quello che gli esseri umani facevano durante l'impero Romano : qualora l'esercito Romano fosse stato sconfitto in una battaglia, loro si chiedevano subito che Dio avessero pregato i loro nemici.

Mandando persino delle spie nei campi militari dei nemici per scoprirlo, in modo che avrebbero pregato quella Divinità e tramite offerte di sacrifici più grandi cercavano di avere le Sue attenzioni e quindi la possibilità di vincere.

Loro pensavano che offrendo sacrifici più grandi rispetto a quelli offerti dai nemici, avrebbero avuto dalla loro parte la divinità stessa...........mentre quella loro veniva abbandonata : Incredibile !

Ora capendo anche la situazione ma sinceramente non è coerente, se io fossi stato quel Dio _vero_ e mi avessero pregato in quel modo e se potessi pensare che Lui ragionasse da uomo avrei continuato a dare il mio favore ai nemici.

Altro esempio : comunque sia, mi affascina il concetto , che si collega a una diceria su Leonardo da Vinci nel suo trascorrere una decina di anni suoi a Milano , potrei riassumerlo così e spero non dia del grande Leonardo una cattiva immagine di colui che credo fosse tutto tranne che solo un pittore, ma colui io lo credo l'eccelso e grandissimo genio affermò :

" quello che oggi sia buono, con il passare del tempo divenga cattivo; o dell'opposto suo."

Il fatto è questo : si dice che acquisendo un lavoro e cioè di produrre la famosa " Ultima Cena " ebbe bisogno di persone sui quali produrre le figure dell'affresco stesso.

Trovò un giorno un bel ragazzo milanese e ne fece figura di San Giovanni : cioè con fattezze molto fini , dolci e innocenti.

Ne trovò uno dopo tanto cercare, che lo utilizzò per il volto di S. Giovanni.

Si sa che il procedere nell'esecuzione dell'affresco fu lento tanto da esasperare i committenti; dopo molto tempo ebbe da fare il volto di

Giuda , ma benché cercasse tra una locanda e l'altra pare non trovasse nulla.

Un giorno di mattino presto si dice che passando presso i navigli di Milano sentì dei gemiti provenire dalla sponda del naviglio.

Trovando una persona, Maleodorante, brutta e barbuta, rovinata sino in fondo all'Anima ; la soccorse, cercando di dar man forte a questa persona, in questo mentre, in sé, si rese conto di avere trovato il volto di Giuda.

Il salvato ringraziò e capendo che il Maestro non   lo avesse riconosciuto, chiese al Da Vinci << ma non mi riconosci maestro ? Sono stato il volto di San Giovanni >>.

Mi piace rammentarlo perché è molto importante il significare che il Bene e il Male, gli eventi buoni o cattivi, fato o destino che si voglia, può tutto cambiare senza ritrovamenti alcuni, quindi un effetto senza averne causa .

Potrebbe apparire scollegato al tutto sopra mio definire, ma, provate a immaginare a quale livello possiamo arrivare per ignoti e personali sentieri se, arriviamo a pregare un Dio che non si conosce pur di vincere.

Che valore si può dare quindi a tutte queste falsità alle quali ci rivolgiamo per avere una vittoria senza neppure conoscere la Divinità stessa che si prega, tra l'altro ?

Quanto valiamo noi a questo modo di pensare ?

Se colleghiamo alle realtà di trasformazione degli eventi sulle Vite di tutti : è una totale ipocrisia priva di misericordia in ogni senso.

A me pare che il tutto sia pervaso dall'oscuro Male interiore umano ,dichiariamo quindi che :

" il Male è nell'azione dell'uomo,

che così impersonifica la negatività stessa,

qualsiasi nome ad essa vogliamo dare "

E non è da ora ma ciò risale da che abbiamo ordine di senso e spazio mentale.

Comunque sia , fu dichiarato anche da Gesù Cristo.

Anche se essendo Dio Perfetto , Onnipresente e Onnisciente , Esso avrebbe dovuto sapere che avrebbe avuto nella sua Creazione qualcosa che benché creato in Bene e in Buono ne divenisse il Male e in Cattivo, oppure no ?

E' solo con la soluzione della libera scelta che se ne esce da questo girarci intorno senza soluzione alcuna.

Ma a mio parere potrebbe essere che il nostro intelletto oltre una certa porta non possa andare oltre.

Comunque : In un certo modo l'idea della personificazione del Male lo stesso Male prende forma fisica, e nel nostro immaginario diviene figura raffigurabile : ecco Pan si trasforma e diviene il Male dal Bene.

Zoccoli al posto dei piedi, corna, cosce irsute etc., immagine a noi nota da Cristiani sotto altre denominazioni per esempio.

La percezione del Male cambiò, nel Male e si va a riconfermare e definire il concetto del potere violento , tipo delle religioni :

" o con noi o contro di noi ".

di molte religioni anche d'oggi, questo io lo considero già un buon inizio di un sentiero che porta al Male : Male di matrice Umana.

Già qui per i giusti (in assenza della Verità Assoluta) è un limite invalicabile : così è stato, così ci viene rimandato dal tempo passato e così rimane ancor oggi.

Orus altro esempio, fratello smembrato da Set, diventa il Bene, successivamente sconfiggerà addirittura lo stesso Set : in modo soprannaturale il Bene contro il Male.

Molto dopo, nella Roma Imperiale del Colosseo Il Male e il Bene si intravedeva a secondo i casi in una fiera o in un uomo .

Alcune volte furono le fiere a indossare i panni del Bene , per esempio contro i Cristiani . Mentre altre volte le stesse fiere erano il Male, qualora conbattessero contro schiavi istruiti al combattimento che impersonificavano il Bene.

In alcuni ed altri casi le fiere erano il Male che sconfitto attraverso la morte dava potere all'uomo, in altri casi uomini o uomini schiavi per qualsiasi motivo di cui uno quello religioso erano sconfitti dalle belve o fiere, come già detto, rappresentando il Bene.

Quindi alcune volte le fiere erano i buoni, in altre occasioni personificavano il Male; idem per gli uomini, credo sia un meccanismo tutto umano e molto strano questo scambiare le maschere senza avere un significato del portatore della maschera stessa.

Immaginiamo altro dire, per esempio, in quell'epoca perseverava Mitra, con il Toro; un culto selettivo e segreto, associato a qualcosa che potremmo chiamare oggi all'idea di Speranza, Lealtà quindi Essenza del Bene : questo erano le fondamenti della Religione o Setta di Mitra.

Vorrei porre una piccola nota, la differenza tra Setta e Religione è data solo dalla quantità di adepti al pensiero stesso, e non ha senso dispregiativo il termine Setta rispetto a quello di Religione.

Quindi, ritornando all'idea per conseguenza :il Bene senza Male poteva esistere ?

No !

Ecco l'immagine del Toro, sacrificandolo realmente o simbolicamente l'uomo era pronto all'idea stessa della personificazione del Bene e del suo opposto, spargendo il sangue sacrificale si otteneva l'immortalità eterna, una specie di simbolismo che ben conosciamo se sostituiamo il toro con un agnello.

Mitra quindi risulta così il Redentore del mondo......

Nello stesso momento in Roma perversava il Cristianesimo, in antagonismo con Mitra ed ad altre Divinità, che era ed aveva in sé lo stesso principio e caratteristica di Redentore del Mondo.

Quel senso e volere di quel confine mai chiaro tra il Bene e il Male e quindi qui la nascita della figura del Male e del Bene anche separati, che è giunto e conosciamo anche noi oggi.

Una specie di analogica rappresentazione e quindi di trasformazione di una grandezza *fisica*.

Il che mi porta al termine trasformazione : molti templi dedicati a vecchie Divinità furono trasformati e occupati da quelle nuove con Divinità nuove.

Questo non avveniva solo per le divinità ma anche per luoghi o templi.

Mi sovviene al pensare al Phanteon a Roma (110 d.C.) per esempio , tempio romano divenuto poi una Basilica della mia Religione, dico ciò per rendere più tangibile le trasformazioni oggettive e fisiche nei fatti.

Fu edificata dall'Imperatore Adriano per onorare tutte le Divinità passate, presenti e future di allora.

Lo stesso Imperatore costruì lo stesso Phanteon sulle rovine di un'altro precedente tempio di età Augustea , che fu rovinato da incendi.

Già in quel periodo divenendo Chiesa Cristiana i pagani furono messi fuori gioco e sotto tutti gli aspetti.

Ribadendo che già era insita la regola che :

" o sei del vero Dio e quindi devi stare

con noi ....oppure tu sei il diavolo, e vai

eliminato "

Pare che non sia così certo che Il Male sia nemico di Dio, anzi ne è una sua creatura e in alcune occasioni , il Male va a cospetto di Dio e si parlarono : cosi' è scritto per Giobbe per esempio, sia nella Bibbia Cristiana che quella Ebraica (Tanakh).

Esistono altre religioni dove è permessa la presenza del Male in forma fisica.

Per esempio se chiediamo ad un Mussulmano di Adamo ed Eva, dirà che il Male ne ha tentato come noi ma lo stesso affermerà che mentre nella Bibbia il serpente tenta la Donna, in quello Mussulmano del Corano lo stesso serpente tenta tutte e due : Adamo ed Eva insieme.

Nei maestosi affreschi della Cappella Sistina del grande di Michelangelo B. , troveremo raffigurati entrambi i soggetti che fuggono mentre il Male è arrotolato sull'Albero : un caso ?

Come per similitudine entrambe queste Religioni affermano in un certo senso che :

" ogni uomo ha a destra un Angelo e a sinistra un Demone"

A onor del vero, fino a 3000 anno fa, non esisteva nulla che potesse metter radici nel pensiero umano un tale di nome Male con una personalità tutta sua e avente appunto nome proprio.

L'idea di Dio rimane nel nostro profondo, è un che ne segue un'altra e ancora un'altra, e se guardiamo un po' più in là c'è ne sono ancora a migliaia : di altre e altre su altre.

Tutto ciò mi riporta poi per un verso o per un altro a quello che è definito l'Istante della Creazione : violento e straordinario.

E' una nuova teoria scientifica : elegante e soddisfacente a sé, così è stata definita da più parti, in questo non c'è ne Male ne Bene.

Questa teoria ci da almeno un inizio , 7,5 miliardi di anni fa (miliardo in più o in meno non ha importanza in questo contesto) quell'istante ha dato inizio a qualcosa che definiamo Universo.

Parrebbe che qualcosa di sicuro ci sia in questo mentre, no invece, perché altre teorie al pari suo, affermano che forse il concetto " _causa-effetto_ " sia sbagliato nel contesto di Creazione universale.

Piccola nota mi sovviene a questo punto :

se la causa è il Bene , l'effetto è il Male ?

Continuando su causa/effetto della Creazione si afferma che può essere che ci sia solo l'effetto senza la causa di sé in alcune ipotesi scientifiche del XXI secolo.

Io e a parer solo mio, la causa c'è' ed è Dio, ma, la mia limitate possibilità mi vieta di vedere e pensare oltre questo.

In un certo vedere anche nelle nostre Sacre Scritture questo succede.

Avviene che per esempio che per Adamo fu data una certa Lea prima, la quale Lea venne poi sostituita con Eva.

Lea fu sostituita pare da Dio perché non buona ; tra l'altro possibile che Dio creò qualcosa di non Buono ?

Lea fu scacciata e divenne una parte del Male che imperversa nel Creato ancor oggi; tutto ciò è stato rilevato da scavi archeologiche in Medio oriente.

Sono reperti antichi e non sole parole, quindi esiste qualcosa di concreto sulle credenze antiche Ebree e di altre popolazioni che occupavano quelle Terre Sante e non per sola tradizione conosciute da noi ora.

Ritornando all'esempio incredibile di Giobbe : il Male <u>personificato</u> va a discutere con Dio, tentando lo stesso e mettendo tutti i medesimi attori alla prova.

Va di fatto che l'unico che ci rimette è Giobbe, che nonostante seguisse esattamente tutti i precetti, non peccava, dava la decima ecc t. un perfetto credente quindi un Buono : praticamente il Buono viene castigato perché essendo messo alla prova non cede al Male.

Con un risvolto : il premio per non aver ceduto al Male sarà dato dopo, nell'al di là......

Questo significa che Dio non abbia Creato tutto Bene e senza Male, e non tutto sia privo d'invidia o cattiveria ?

Sta all'uomo definire Onnipresente, Infinito, Eterno, cioè colui che poi Creerà parti Sue senza sapere che diverranno Male ?

Prima o dopo ?

Pare tutto troppo umano, ma Dio non è umano.

Ora possibile che sia nel Suo progettare tutto questo essere troppo umano tutto ?

Possibile che non ne abbia pensato ?

La Purezza che io credo Lui sia e abbia in tutto ciò che E' non mi permette di pensarlo, la soluzione più plausibile è che l'umano ha in sé il Male mi pare chiaro e sia insita in noi, nel nostro pensare, nell'Energia mentale e del nostro essere umane creature Sue.

Pare che abbiamo necessità di porlo fuori di sé per necessità nostra e i nostri bisogni interni in vari modi; negli ultimi secoli uno dei tanti modi è personificare il Male e se qualora quel Dio non ci accontenta ….. semplicemente lo cambiamo.

L'uomo si guarda intorno alla ricerca di qualcosa di meglio, che gli consenta di sperare ancora una volta, difesi dal proprio male interiore.

Empiricamente dimostrabile ovviamente e si vede fuori anche nella realtà umana.

Comunque sia, sembra che secondo altre idee scientifiche si dice che l'energia ad un certo punto si sia trasformata in materia : notizia che ci sazia questa ?

Credo di si, nessuno mi vieta pensare che Dio potrebbe essere una specie di Energia non immaginabile da umano, certo è che di sicuro è Pensiero Pensante di Sé : quindi anch'essa una forma di Energia.

Dopo questa, sinceramente mi perdo e rimango attonito, se non che mi richiedo " ma sta energia dell'Universo chi l'ha fatta ? "

Mi pare logico che sia Lui, Dio.

Chi può dire o affermare il *perché* e che necessità ci fosse di esplodere quel puntino di concentrato del Tutto – Creato ?

Mi viene normale che fosse nell'Idea Divina in un più ampio progetto Suo, altro non mi viene, se l'idea e cioè di un puntino concentrato e basta , la mia sta nel dire che era quella di poter stare là com'era.

Ma alla fine sempre la domanda e' " quel puntino là chi lo ha fatto e messo là?

C'è un'altra affermazione che a naso mi sembra logico anche se parlare di logica e quindi razio in quel del pensiero Divino legano sempre poco, è cioè della così definita

" *Inflazione dell'Universo* ".

Ci si sta chiedendo se la medesima sia omogenea o se sia stata omogenea e perché è scomparsa o appaia scomparsa dopo esser stata usata dal sistema.

Ciò implicherebbe che un Universo esistesse già prima del Big Bang, quindi l'Universo non fosse o avesse caratteristica causa-effetto e non è un conflitto tra Bene e Male pare chiaro e assodato.

Qualsiasi essa sia o sia stata o probabilmente fosse : chi l'ha Generata , indipendentemente dalla nostra analisi-umana che deve per forza concretizzare sempre tutto come una medaglia a due facce contrarie e contrapposte?

Io credo : Dio.

Dove stava e-o in cosa stesse prima o durante l'Infinito Atto Creativo, non si sa, io non lo riesco a definire o a immaginare.

Ci sono a detta degli addetti , delle altre opzioni (scientifiche) sul tema pari a questo numero :

10 elevato alla 10° elevato alla 7° e cioè :

$$((10)^{10})^{7}$$

e' forse quell'Uno che si fa grande come il nome di Dio ?

Nome descritto dagli Ebrei , talmente lungo che era impossibile pronunciarlo ?

Personalmente mi pare tutto troppo arbitrario e insoddisfacente per causa propria, cercare di tradurre in numeri sempre tutto alla ricerca di qualcosa che non ha limiti come la parola " Dio ".

In alcuni articoli scientifici esiste anche come :

"l' Eterna inflazione".

Il parere mio è che con tale definizione e cioè l'Eternità in un certo modo tagliano o tolgono tutte le scomodità del nostro limitato pensare.

Poco razionale pare che quel definito infinito piccolissimo, possa aver avuto dentro tutto l'Universo che ancora neppure conosciamo + lo spazio + il tempo + altri accessori a parte che probabilmente neppure conosciamo, a me pare follia se non pazzia ragionarla così.

E' riduttivo e inimmaginabile riuscire a pensare che una cosa enorme e grandissima come pensiamo di conoscere (l' Universo) sia stato in un infinitamente così piccolo, ma, così pare per ora noi la pensiamo.

Ho potuto constatare che quando con i numeri o l'algebra o una sua parte di una formula si ha come risultato l'infinito :

$$\infty$$ *(questo ' il suo simbolo)*

significa che c'è qualcosa di sbagliato o che qualcuno sta barando : e poco ha a che fare con il Male o il Bene ; i quali combattono all'infinito dicono.

Comunque sia : chi lo ha messo lì Creando e cioè quello che è' grandissimo in ciò che è piccolissimo ?

Esiste anche un'altra teoria ed è quella del così definito " rimbalzo " ; si afferma che il Big bang sia un rimbalzo di un precedente universo che dopo essersi espanso abbia invertito in suo espandersi : sparendo in un puntino piccolissimo appunto.

Dal quale successivamente scaturì con il Big Bang ciò che ora stiamo vedendo e scoprendo .

Dal quale ad un certo punto e non si capisce neppure in teoria il motivo del rimbalzo stesso dell'Universo in un altro Big Bang.

Ribadisco che comunque qualcuno deve aver messo materiale e spazio e tempo etc. perché tutto avvenisse.

Potranno essere stati non solo uno ma anche 1000 rimbalzi ma il primo dovrà aver avuto un inizio da qualche parte nel Nulla !

Chi lo fece ?

Non mi viene altro da pensare sempre che a Lui : Dio; cosa e come si siano sviluppate le cose sono altro discorso e nessuno mi vieta che sia stato incluso tutto in un grande Suo Progetto : compreso del Bene e del Male.

Compreso la teoria dell'Evoluzione di Darwin, potrei quasi esser certo che sia stato un progetto dentro il Progetto Generale del Creato.

Ne esistono altre di teorie e possibilità.

Per esempio : una è che tutto è nato da un buco nero; con un'altra variante in aggiunta e cioè che questo buco nero fosse una specie di porta tra questa e un'altra dimensione -universo.

Ribadisco che qualcuno deve aver Creato il tutto comunque da un inizio o Idea.

Tutto mi appare così caoticamente illogico, irrazionale, sopratutto incompleto di senso, senza il cardine che noi umani chiamiamo Dio alchè tutto sia e divenga infattibile.

La Sig.ra Scienza secondo il mio parere potrà spiegare la maggior parte dei fenomeni del Creato ma mai il Creatore : questa è una mia piccola meta.

Esso non è materia ma Spirito e Idea di Sé, Primo e Unico Motore del Moto stesso del Tutto.

Infatti ciò che capita sotto la nostra esperienza e realtà sono fenomeni studiabili il resto non è possibile comprenderlo appieno ne completabile in altro ragionare.

In questa valenza esiste la visione di ciò che non capiamo, è illogica e non ragionata in nessun aspetto possibile.

Come l'ipotesi delle membrane dimensionali, dove viene dichiarato che lo spazio si faccia materia; è un'alternativa nuovissima ma il risultato mi pare ormai scontato.

Ingestibile teoria e inimmaginabile conseguenza.

Chi ha Mosso il primo <u>Momento</u> Creativo ?

Tutto ciò ha una postura a noi non nota, distante, si erge oltre la nostra stessa Vita e immaginazione.

Non esistono distrazioni di ipotesi sostitutive o da altre o da precedenti su nessuna teoria del Creato, se non che c'è.

Mi rendo conto di essere un po' irritabile a riaffermarlo ma, chi ha messo la materia e tutto il resto, sopratutto il Primo Moto dal Nulla ?

Non c'è alternativa, non c'è via di uscita, siamo in presenza di una cosa assurda al nostro misero pensare :

" il Tutto da un Nulla. "

Risulta un paradigma ed è proprio così : se il Nulla come noi lo pensiamo, fosse Dio, allora tutto prende senso.

Ma la misura del Nulla che abbiamo noi non è così.

Il Nulla non esiste.

Un esempio a me caro è questo : se il tempo è nato con il Big Bang, l'universo non può avere un prima, anche nel caso della teoria del rimbalzo.

Il primo rimbalzo in che tempo è avvenuto ?

Tutto pare incongruente sopratutto per logica, sopratutto dal fatto razionale che l'Universo stesso perde senso in questi divenire fantasie scientifiche non dimostrabili.

Niente è applicabile ad una minima prova scientifica : l'empirismo è deceduto pare da sempre a questo punto su questi temi.

Pur vero è che noi ci stiamo ragionando da qualche decina di migliaia di anni, mentre il Sig. Universo se ragionante in sé ha ben miliardi di anni umani alle sue spalle.

E' probabile che non sopravvivveremo così a lungo, se anche così non fosse i risultati non cambierebbero per ora qui nel nostro "adesso".

Rimane a consolarci quello scritto nella Genesi :

".......fece la Luce e vide che era Buona "

Credo che ci sia del vero in questa mia affermazione :

" Dio è Luce , Energia di Sé, Pensiero Pensante ,

Pensiero di Se   "

Poco importi a questo punto del Bene o del Male come entità distinte che presupponiamo noi , ora, in questo tempo, in quanto tempo umano.

Nel suo tempo l'uomo ha sindacato, approfondito, tentato spiegazioni; passando e scavalcando idee che non macinavano più, per altre ed altre verranno che comunque un senso l'avranno, sarà l'eterno attuale, dopo avrà sempre e solo l'attimo suo.

Per il resto il Creato ha avuto ed ha necessità di qualcosa che noi definiamo con un piccolo ma grandissimo nome : **Dio.**

In che misura noi poi ne immaniamo o pensiamo sta ad ognuno di noi.

Rimango dell'opinione che senza di Lui, non poteva esserci il Primo Pensiero, dal quale l'Idea di Sé ha fatto il resto.

Noi non esisteremmo in nessuna delle cinque fasi o stati della Vita di ognuno di noi, difficile pensare che in questa brutta ipotesi non ci fosse stato neppure non il Vuoto ma addirittura ciò che noi definiamo di Nulla una simile Entità.

Il Nulla non esisterebbe neppure, senza una sostanza che ne delimiti i suoi confini e volumi.

Lascio quindi un'aggiunta ed ulteriore domanda : Dio è una specie di Sostanza o ciò che non c'è ed è delimitato dalla sostanza ne diviene un concetto tipo Nulla e di Vuoto ?

(12)

Suoni & segni, carne delle Idee

Le idee si trasmettono attraverso <u>suoni</u> che noi indichiamo con il termine *" parole "* ; le stesse possono essere trasmesse con dei <u>segni</u> che chiameremo e chiamiamo *" lettere "*.

D'ora in poi parole/lettere e quindi suoni/ segni, saranno il formante del termine parole/idee.

Io credo che la ragione con la sua logica meriti tutta la nostra fiducia, ma, in fondo è talmente tormentata che risulta importante solo alla soluzione dei nostri quesiti, ove altro modo non esista.

Molte volte la ragione posta davanti al Creato diviene un lume fallibile e limitante.

In questo divenire le nostre idee divengono acromatiche, disperdendosi in altri esempi e idee, mancando di propria chiarezza, divenendo poi in ultima analisi il gergo per poche persone.

In altre occasioni è possibile soffermarci ed analizzare alcune nostre idee e trovarle un po' scollate dal nostro senso comune e con un po' di timore per dove esse ci possono portare : esempio Bene e Male.

Ciò finché non incontriamo personaggi illustri che non solo ci danno tali pensieri e idee, ma ne scrissero anche, facendone inizio, conclusioni e temi di molti dei nostri ragionamenti attuali.

In conclusione tutta mia, potremmo concludere e sintetizzare nell'appannaggio di una grande caratteristica Umana e cioè la goduria della sua più grande facoltà : <u>il pensare</u>.

Non è poi di poco imbarazzo dopo tanto indagare, magari, doversi fermare davanti a delle strade sbarrate o non essere in grado di capire dove si è giunti con certe idee del pensare.

Per scoprire poi magari che fossero sbagliate e nel dubbio fermarsi e ricominciare, fatto quasi normale in Metafisica.

A quel punto è normale intuire che si debba fare delle ricerche, per indagare se prima di noi qualcun altro si sia posto le stesse domande, idee o congetture.

Sommandone poi alle nostre proprie capacità e capire quali quesiti siano alla nostra portata e quali siano superiori alla nostra limitata comprensione personale.

Qui l'innatismo si infrange e svanisce lasciandoci la certezza pura del cercare ciò che è certo e naturale, quindi una nuova prospettiva di analisi di tutti i nostri ragionamenti possibili.

E' con l'esperienza e con metodo che allora ci si può dare un punto di partenza alle nostre ricerche, benché la nostra esperienza non sempre ha la ragione in quanto è basata sui sensi e come sappiamo non sempre i sensi sono lo strumento adatto per criticare la realtà a noi esterna.

Ho creduto spesso che il mio progredire sulle domande fondamentali, si sia basato sul pensare riflessivo, causato ed acquisito molte volte dalle nostre ricerche stesse e sovente a tentoni nel buio assoluto.

I risultati ottenuti devono poi essere sostenuti con cautela in quanto non esiste certezza alcuna del risultato e del giusto percorso fatto, parendo spesso delle mere chimere .

Infatti per esempio ci affidiamo spesso in molti casi ad analogie di assiomi e idee, dalle quali nascono o si dispiegano nel nostro pensare a delle scoperte nuove che paiono non avere radici proprie.

Diviene quindi importante definire il quesito stesso in possibili fasi di probabilità, specificando con le terminologie esatte e le più semplici possibili senza scaderne in retoriche, giri di parole o sensi, illuminati di esempio di altri concetti e così via, senza quindi giungere a nulla se non a gerghi complicati.

Ho pensato a tale proposito quindi, come le parole riescano a fornire pensieri e gli stessi pensieri formino concetti e immagini nella mente Umana.

A me pare un cosa bellissima e fantastica., una cosa incredibile : attraverso segni o suoni, l'uomo da forma al suo pensare idee.

Senza giungere sale al discorso che è già di suo saporito, ma è innegabile che la capacità umana di definire un'oggetto o un'idea : usi dei suoni per trasmettere il suo a qualcun altro la sua stessa, ciò sia una cosa meravigliosa.

Può essere fatta per bisogni primari, altri per bisogni secondari, ancora altri per l'agire, se non per dimostrare o far intendere un'idea teorica a qualcun altro , simile a sé.

Come poi con tutto questo, sia anche possibile avere quei momenti di quiete-ragionamento o riflessione chiara : tutto ciò ci porta ad accrescere la nostra coscienza , sia interiore che esteriore a noi stessi : come dire che il verbo cerca di descrive la propria umanità.

Va comunque detto che benché sia possibile vivere a lungo, molto a lungo, molte idee e verità non siano poi raggiungibili, altre quasi e altre che parranno falsamente raggiunte.

Discorso a parte è quanto innato poi ci sia nel pensare Umano, io personalmente credo che di innato ci sia solo una capacità di immagazzinare dati, ricordi, soluzioni ecc t fornite dall'esperienza.

E' sempre attraverso la ragione che possiamo valutare poi i loro significati , concatenandoli, stratificandoli o fondendoli tra di loro.

Come non è detto poi che venendo a contatto con queste nuove idee o al loro sorgere in noi, noi stessi siamo in grado di comprendere appieno il loro significato; come può anche accadere che per esempio nel caso di assiomi che non siano congetture matematiche , le quali attraverso sistemi atti alla loro analisi sia possibile stabilire se il risultato stesso sia giusto oppure no.

Infatti è solo attraverso concetti o idee matematiche/geometriche è possibile constatare la giustezza del risultato stesso, in quanto esistono mezzi atti alla loro comprova.

Il resto, per esempio un'idea non matematica o geometrica , non avendo sistemi atti alla loro valutazione e cioè se sia buona oppure no a priori senza fare o avere una propria esperienza di esattezza.

Dopo di che appena l'idea viene accettata dalla nostra ragione, potremo calcolare se sia buona oppure non buona oppure mediocre o necessaria di altro pensare con altre parole e idee , anche con altre menti.

Singolare è poi che in questo sistema di parole, vengano dati significati diversi alle stesse parole, in alcuni casi significati anche incerti o diversi , basti pensare al termine " peccato "per esempio .

In tempi diversi e in culture diverse, il senso della parola " peccato " è sottoposta a tagli diversi e valutate in modo anche molto diverso .

Personalmente non credo che Dio abbia stabilito tale disinformità e neppure che abbia comunicato i suoi desideri in modo non chiaro alle sue creature.

Quindi ?

Quindi per quanto possa sembrare strano, secondo la mia modesta opinione il " peccato " fu ciò che per esperienza quotidiana oltrepassò la superstizione.

Con il passare del tempo e con il consenso dei vicini per così dire, sempre più sicuro divennero dei principi morali prima e religiosi poi.

Capita poi che trasmessi questi principi a menti giovani, ignari e privi di pregiudizi, vengano impresse appunto quei principi morali, che a quel punto erano divenute già delle verità umane : Religioni.

A quel punto sono Verità **indubitabili e intoccabili**, guai poi ai medesimi insegnanti porre modifiche anche di una sola virgola al testo e assolutamente intoccabili nel significato o interpretazione stessa delle verità stesse.

Così il sistema è nato e si autogestisce : nascendo da formanti suoni e segni in idee nuove, con significati diversi delle stessa e unica cosa.

Può anche succedere , che per motivi vari il sistema si rompa, sia dall'interno che per fattori esterni; a quel punto niente vale più nulla, quel Dio tanto pregato pian piano muore anch'esso insieme al sistema stesso che lo crebbe .

Anche il suo Male e Bene , muore con Esso.

 All'opposto dell'uomo che morendo finisce una storia per iniziarne un'altra, il Dio morto passerà all'oblio assoluto del Nulla, senza far mai più paura a nessuno.

Con tutta probabilità, rimarranno di tutto il sistema morente quei principi che risiedono nella norma della Coscienza Umana, come per esempio : non uccidere, non rubare ecc.

Fa un po' specie pensare che normalmente l'uomo perso sempre nelle sue : preoccupazioni quotidiane , faccende giornaliere, del proprio lavoro e così via, non riesca ad avere un angolo nel quale affidare i propri pensieri e fare delle lucide riflessioni per sé stesso.

E' da quell'angolo lì che a mio parere dovrebbero partire i ragionamenti hai quali ricorrere per giudicare il giusto e l'ingiusto, cosa ci sia realmente oltre l'apparenza di questa esperienza di Vita Umana e così via.

Ma l'uomo di solito è prigioniero dei Dogmi e delle Regole altrui, e non ha molti angoli liberi del pensare a sé.

Voglio far notare che Dogmi e Regole sono progettate e pensate da uomini, sempre e comunque.

Per esempio : il sistema ha richiesto di credere senza vedere o sentire : " …...è così !

Ci si è sempre inginocchiati e si è sempre chinato il capo in segno di rispetto e devozione, sia che siano state Divinità ormai morte che ancora viventi.

Ma attenzione : quando non sono bastevoli a noi, essi muoiono sparendo nelle lunghe sale dei musei

Tutto ciò credo sia perché l'Uomo ha bisogno di una entità superiore alla quale aggrapparsi e non conosca la profondità vera di Dio.

Come poi sia impossibile smantellare secoli di pensieri e approfondimento dei principi stessi attraverso il tempo : è un compito immane per chiunque e qualsiasi società o cultura.

Difficile sottoporre tali principi a qualsiasi critica o analisi oggettiva.

Difatti tali pensieri " dogmi " hanno avuto tempo, molto tempo, di evolversi attraverso i secoli, storia su storia, generazioni su generazioni, tramandata in ogni modo possibile.

Credo che le Religioni cadano e muoiano anche in modo molto veloce quando non si possano adattare alle necessità delle società : questo lo reputo molto triste ma d'altro canto vero.

Ha un solo significato : quando una Religione o una Divinità non segue e accompagna l'evolversi della società stessa : MUORE nel Nulla.

Cercare di smantellare tale pensare risulta complicato e di ridurla in qualcosa di semplice da analizzare è impresa assai ardua.

Tra l'altro al minimo si corre il rischio di esser considerati delle persone stravaganti , e questo ora, in questo momento temporale.

Nel passato era un po' più semplice, si mettevano al rogo, oppure si posizionava i soggetti su un'altare sacrificale e tutto era facilmente risolto.

Don't worry, be happy : e le regole son queste che ti dico io.

Altra domanda, come potrebbero essere verificati i principi o dogmi enunciati dalle Religioni escludendo quelli che ho già citato e limitati dalla normale Coscienza Umana ?

Perché per le Religioni ancor oggi si sparge sangue non solo tra coloro che non sono delle stessa Religione ma anche dalle controparti della propria religione e anche degli stessi adepti ?

Cioè per l'onore di una Verità che con tutta probabilità un giorno non esisterà più si richiede la Vita altrui :

……… o sei con noi o sei contro di noi ".

<u>ergo : noi siamo il Bene e tu il Male ?</u>

Quindi mi spiego meglio, con il tempo si raggiungono poi tempi nei quali quelle idee religiose verranno perse dai più anche se persone riflessive, e tutti i dogmi diverranno di facile perdutamento.

O peggio ancora adattati alla prossima Religione.

Benché l'idea di Dio prima o poi nella maggior parte dell'umanità sia generalmente nota, l'unico limite rimane l'ambiente, che secondo la mia idea può dare un ordine di accelerazione o decelerazione : all'impossessarsi dell'Idea Divina.

Come son convinto che le stesse idee di Dio si svelano e rivelano in modi diversi in ogni persona se stesse.

Ci dovremmo forse porre il quesito di quanto tempo serva per esempio perché nasca in un fanciullo l'idea del suo Creatore da sé stesso ?

L'impressione mia poi è che nel momento di aver acquistato il Principio stesso di Dio, esso pervenga e sia mantenuto non da Dio stesso ma da un'altro essere umano.

Mi è facile quindi desumere che ciò avvenga attraverso la riflessione e nozioni acquisite con l'esercizio del pensiero sorretto dalle facoltà proprie dell'uomo, concesse ovviamente da Dio.

Sono convinto che la maggior parte delle persone hanno formato le loro stesse idee per caso, sopratutto condizionati dalle tradizioni, cullati di sicuro dalla propria pigrizia e non curanza del loro esser Vita.

Basti pensare poi come nelle maggior parte delle Religioni , la loro Divinità sia stato immaginato.

La maggior parte ha somiglianza straordinariamente umana , come se l'uomo si sia elevato alla somiglianza di Dio per considerarsi la Sua migliore Creazione.

Una variante e' una fisico mezzo umano e mezzo animale; in altre solo animale, sino ad arrivare a quelle più sane e cioè senza un'immagine umana ma un luogo o direzione della bussola.

Dio si è cercato anche con l'uso di droghe allucinogene come per esempio una specie di fungo (amanita riuscir) o di particolari erbe o con sacrifici e non di soli animali ma anche umani.

In alcuni casi con saune ad altissime temperature causate dal bruciare dei legni , aventi essenze allucinogene.

Alcuni associano al nome Dio, tutta una serie di immagini così strane e miserabili che diviene in me impossibile che siano state insegnate loro da qualcuno dotato di Ragione.

Come d'altro canto , io non possa negare l'esistenza di persone che non certo per limitata generosità Divina non si siano mai occupate di tali preposizioni.

La conoscenza o l'interrogarsi su Dio è una scoperta Naturale, credo la più genuina, ma come tutte le altre non ci vengono donate come una parte importante del vivere, come cuore o polmoni e così via.

Se l'ipotesi di Dio fosse stata un'idea Universale Divina , io, credo Dio l'avrebbe posta a tutti gli esseri umani e in eguale misura : chiara ed uniforme per tutti.

In caso contrario Dio farebbe delle differenze tra un popolo o una cultura con altre , quindi Dio sarebbe discriminante e facente differenze tra le sue creature ?

Pare non avvenga mai e mai sia stata, non capirei perché in futuro dovrebbe essere di diversa sorte; Dio dovrebbe dare a tutti la stessa Verità in eguale misura : non l'ha mai fatto secondo le varie Religioni e scritture Sacre sinora.

Esiste sempre qualcosa o qualcuno di privilegiato.......... a me pare molto un pensare molto umano e poco Divino.

Come per la matematica o la geometria, se dipenda da un suo uso corretto dalle nostre facoltà di cui ci ha fornito la nostra Natura e dal desiderio di coscienza, ciò ha due significati.

Il primo significato è che si possa vivere egualmente senza matematica e per secondo che non è in noi nessuna idea preposta e pronta a vivere qualora a noi non interessi o non ne siamo portati in sua presenza : capita, sviluppata e coltivata.

Gran cosa saggia sarebbe poi che ogni persona usasse e attingesse dalle proprie idee anziché da quelle degli altri, o succube di altre.

Il fumo delle idee altrui, nel nostro pensare, non ci portano in nessun luogo che non sia già stato visitato e analizzato.

Quindi per noi non è motivo di accrescimento alcuno, venendo meno anche la capacità di giudizio poi.

I Dogmi per esempio sono dati e accettati sulla base della Fiducia e così come sono , vengono accettati : senza più sottoporli a critica o ad analisi alcuna.

Sotto questa specie di tirannia, gli uomini possono essere più facilmente governati da uomini che hanno così l'abilità di sottometterli guidandoli a loro piacimento.

Alla fine senza via di uscita ci si ritrova ad inghiottire l'Idea o il Dogma come Verità pura ed assoluta, che di utile lo è solo per colui che lo ha insegnato o trasmesso ingabbiato anch'esso nel medesimo sistema.

L'uomo dovrebbe poter esporre le proprie idee che esse siano vere o meno a priori, in sincerità e liberamente senza alcun fine altro se non cercare con altri uomini liberi la o le Verità senza pregiudizi o arroganze.

Tutto può essere analizzato con facilità, quello che cade sotto i nostri 5 sensi : ruvido, peloso, morbido, duro, color giallo, caldo, umido , freddo, lontano o vicino e cosi via.

Ma ciò dev'essere prima trasformato ed accettato dall'esperienza , ed è molto difficile se formato da idee che non hanno forma alcuna; le idee o le congetture per esempio non hanno colore o forma.

Ed è proprio da questo ambiente che si generano le passioni, dalle idee, come un turbamento ci coinvolgono in emozioni sempre collegati ad oggetti che fan parte delle nostre esperienze.

Devo confessare che la mia Anima è un continuo ribollire di idee, sempre impegnata a criticare l'evolversi di parole che vanno a formare nuove idee vergini, formanti concetti e pensieri nuovi.

Allo stesso, di idee da smontare e considerare in vari metodi finiti in un'Anima finita.

All'opposto di quella Divina, che come alcuni Salmi informano

".......Lui non dorme mai ! "

E' incredibile che l'uomo si muova in uno schema composto da molteplici altri schemi , i quali sono regolati da leggi fatte sempre dallo stesso uomo.

Imbastite di suoni e segni, formano la carne delle idee.

In tutto ciò l'uomo ne rimane in balia e governato dallo stesso sistema da esso creato; alla fine è quasi commovente lo stato in cui si trova : una grande impalcatura , spiegata attraverso suoni e segni.

Tutto rafforzato da quei fenomeni come la Fede, la Religione, in una entità sovrannaturale, l'idea di una specie di buon fine, la presenza di altre forme di vita nel Creato.

Forse che tutto il suo divenire (dell'umana evoluzione) risieda solo nel suo percorso storico biologico ?

Quella lunga strada sinora fatta , dall' Homo Sapiens di 150.000/200.000 anni fa, che ci ha portato a quel che siamo ora su un pianeta totalmente governato dalla medesima specie come la nostra, ha dato come risultato quegli stessi fenomeni di cui cerchiamo di indagare costantemente .

Molti intrecci e molti scontri di idee hanno persino modificato e mutato la concezione della realtà stessa, come se anche la nostra Coscienza avesse avuto le sue avventure durante questo percorso.

Si pensi al fattore della matematica per esempio, spesso si trovano cose che non si stanno cercando in serendipità, semplicemente perché queste non esistono da sempre, ma prendono forma dal percorso stesso dell'intelligenza umana.

La matematica per esempio si permette il grande lusso a pochi concesso di " inventare il mondo, dei mondi propri ", ciò' perché sa' distruggere i vecchi pregiudizi per altri nuovi.

Il Formante è tangibile e controllabile.

La matematica sfida persino il senso comune, l'intuizione creativa rovescia tutto e tutti, addirittura può dimostrare l'opposto di quello che sino a quel momento s'era dato per scontato e assodato.

Si pensi che in molte occasioni il mondo che meglio comprendiamo è fatto e misurato sul metro e/o sull'ora, in quanto hanno dei precisi confini temporali e spaziali, nei quali siamo cresciuto ed evoluti e misurati con altri fenomeni.

Ora io considero una meraviglia che quanto tutto esposto sopra sia possibile averlo, intuirlo e ragionarlo attraverso Suoni (il parlare quindi il comunicarlo) e i Segni (lo scrivere quindi il tramandarlo).

Non solo sia affascinante già il ragionarla, il rifletterla un' idea, ma sia fatta di oggetti basati sull'esperienza propria e comunicata attraverso suoni e segni ad altri propri simili.

Creando in un certo senso la possibilità' di confrontarsi e conoscersi su argomenti nati da un'intuizione o ipotesi o congetture che hanno portato ad assiomi, in un costruirsi nuove idee e progressi.

Da qui affrontare poi il tema inconsistente dell'Anima e il suo rapporto con la mente e il cervello : un continuo dialogare con suoni e segni tra Scienza e Fede, Filosofia e Biologia, Religione e Fisica ecc t.

Esistono poi scienze con grandi scoperte fornite dai meccanismi neurobiologici che molto probabilmente stanno alla base dei pensieri, delle emozioni, dei comportamenti dei singoli tra di loro.

In una serie di processi cognitivi ed emotivi della cosiddetta meccanica neurobiologica, ultimamente scoperte, la quale ci porta alla verifica della grande capacità umana di immaginare e quindi di organizzare società, creare arte, fare etica e politica, l'ingegnarsi nel e per il fare, l'articolare la riflessione ecc t.

Questo è la carne e i nervi del nostro pensare al Creato con suoni e segni, per capire il creato e sapere che senso abbiamo noi qui ora, in questo momento nel Creato.

Abbiamo raggiunto persino teorie come la M-Theory, la quale è la cosiddetta *teoria del tutto* , combinando matematicamente le cinque teorie delle super-stringhe e le 11 dimensioni nelle quattro interazioni fondamentali.

Tutto ciò è pura e netta e sola teoria, inconsistente ma _"REALE "_ : in quanto funziona.

Una specie di magia che le nostre idee hanno visualizzato e analizzato in membrane inconsistenti che a seconda del substrato geometrico proprio, hanno forse forma e forse forme diverse con nomi diversi : bosoni, fermioni, alcuni fermioni sono privi di massa con spin in uniche direzioni, tachioni ecc t.

Per confermare l'idea teorica dell'esistenza di un bosone per esempio, si è dovuto pensare, progettare e costruire una macchina enorme con un dispendio economico di molti milioni di Euro.

Ed è risultato veritiero : il pensiero umano fatto di idee , costituite da suoni e segni che l'avevano teorizzato, immaginandole a colpi di neuro meccanismi biologici tempo addietro, prima e solo con la ratio : ne aveva già ipotizzato l'esistenza.

Non facendosi neppure timore o paura dell'entropia o disordine presente nel sistema fisico dell'universo, mescolando, scegliendo, intrecciando idee dentro idee in un frattale infinito ed aperto al micro e al macro.

Questa è uno dei più grandi doni della nostra evoluzione dalla primitiva Lussy ad oggi : il pensare e lo trasmetterlo all'infinito.

Come trovo molto dolce il collegare tutto ciò all'Infinito di G. Leopardi :

"...e mi sovviene l'Eterno...."

utilizzando carne e nervi del verbo per trasmetterci da un'altra angolazione la stessa certezza , e cioè la Magnificenza del Creato e del suo Pensatore.

Anche se alcune volte o sovente, le cose e le idee passano inosservate o senza nota importante per la maggior parte degli umani.

Nonostante che non può esistere idea senza averne avuta conoscenza od esperienza prima.

Per intenderci nel risultato di quanto appena espresso è questo : può una persona conoscere il colore verde se non ne ha avuto esperienza avendo vissuto sempre in bianco e nero ?

No !

In quanto non ne ha esperienza, benché il verde esista .

Ebbene esistono anche casi dove si percepisca il colore verde nonostante non si abbia o avendone esperienza, ma attraverso ipotesi o congetture si può percepire l'esistenza del verde (l'esempio del bosone … per esempio) .

Questo è solo uno dei più semplici dei livelli di pensiero / idea, con i quali sarà poi possibile costruire idee sempre più complesse con più esperienze a loro legate.

Normalmente è solo attraverso l'esperienza di un soggetto o ente si considera lo stesso nel suo dettaglio, rivelando aspetti che non si erano valutati prima, pur magari che gli stessi fossero presenti ogni giorno alla vista dell'esperienza stessa.

Come nell'incessante sollecitazione dei propri sensi che tracciamo memorie dalla raccolta continua su tutto quanto sia nuovo e/o di varianti a ciò che già conosciamo.

Non abbiamo idea però di quando inizi nell'uomo questo meccanismo, o quale siano le prime idee da che esca dalla propria Madre.

Empiricamente so però che l'uomo pensa e ha idee che si sviluppano a livelli e profondità diverse da che nasce e questo succeda persino quando non si è svegli.

Infatti come già dimostrato nei capitoli precedenti, anche quando l'uomo dorme ha la capacità di pensare o ideare !

Persino quando si crede di non sognare è veritiero, infatti il sognare è continuo con diverse pause, il fatto sincero è che non lo si ricordi.

L'uomo nel sonno non è consapevole della nascita o della trama del sogno stesso, ma ne può gioire o soffrire.

Sarà successo a tutti fare un sogno che diviene incubo e ci faccia soffrire, idem per l'inverso ci faccia godere.

Non è dato sapere se ciò dipenda dal fatto della presenza dell'Anima o della Coscienza o delle memorie delle idee e fatti stessi.

Oppure le stesse idee avute da svegli in esperienza diretta e che ci abbiano colpito in modo significativo.

Come credo sia impossibile pensare che il corpo possa vivere senza Anima, penso che in fase di veglia l'Anima sperimenti e si confronti con le realtà esterne stesse con la propria esperienza già acquisita.

Tutto ciò crea un palcoscenico personale, tenendo in movimento le idee stesse in noi.

Innegabile poi che le idee dal livello semplice della propria esperienza del soggetto scaturente in sé, sia poi accompagnato dai risultati dei sensi e cioè : dal suo colore, aspetto, forma o odore , ecc. quindi delle sensazioni che nascono in noi.

Da qui in poi l'idea semplice, potrà essere aggiornata con caratteristiche più complesse, infinite e a proprio piacere d'usarle in altri scenari e contesti diversi : come frattali in altri frattali di frattali.

A nostra discrezione darle poi una o più qualità come : buono o cattivo, bella o brutta e così via.

Da queste qualità ne nasca poi anche :

l'opinione

la quale poi elevandosi ad eventuali scopi saranno le immagini che ci si costruisce entro di essa in sé stessi.

È quindi attraverso l'intelligenza, la volontà e l'esperienza : la realtà viene presa in sé dall'uomo.

Non con ciò che le stesse ne rimangano in modo perpetuo nella propria memoria, perché con il tempo i ricordi sbiadiscono anche in qualcosa di diverso dall'originale.

Nella memoria è più facile che rimanga qualora sia accompagnata dal sentimenti forti come : il piacere o il dolore.

Assoggettare ad un'idea l'aspetto o sensazione di dolore sarà molto difficile perderla anche dopo molto tempo.

Ovviamente saranno accompagnate dalle cause, dai soggetti o enti , sensazioni ecc t. che ne hanno fatto o costruito l'idea di dolore.

Tali e quali saranno ovviamente anche per tutti gli altri casi di idee forti come il piacere ad esempio, che userà lo stesso meccanismo per rimanere vivido.

Certamente essendo di piacere sarà cercato e ricercato in ogni modo, mentre del dolore ne sarà rifiutato od evitato.

Nella nostra mente quindi si forma la così detta :

conoscenza

Ecco quindi che l'ingegno pescando dalla conoscenza, combina, associa in vari modi le idee facendone nascere altre .

Componendo sensazioni e raffigurazioni nuove, le quali potranno poi essere setacciate dal :

giudizio.

Il quale giudizio purtroppo non avendo regole fisse e severe potranno anche portare a ragionamenti e verità non vere o sbagliate per altri esseri umani e sopratutto da ragionamenti diversi dai propri.

Attraverso rapporti interpersonali poi sarà necessario un confronto con altre idee simili in ogni loro eventuale circostanza; valutando tutte le nuove opzioni che ne scaturiranno assoggettandole alla propria conoscenza.

Attraverso suoni (parole/voce) e segni (scritti) le idee si scambiano tra una mente ad altre, accogliendole anche in senso figurativo alcune volte, con un dato nome proprio e distinto della stessa idea.

La stessa idea farà quindi parte di quella massa enorme dello **scibile umano** e nell'uso del linguaggio comune come specie umana.

Ovviamente da questo mondo umano e normale saranno esclusi gli idioti e i pazzi, che per la loro condizione di ammalati non sono capaci ne di razio ne di giudizio, benché magari aventi una certa dose di volontà.

Non starò qui poi a trovare differenze tra un idiota e un pazzo nelle loro facoltà singole , considerandoli alla stesso livello cd csulando dal mio qui ragionare sui medesimi casi .

Ritornando alle idee e alla loro costruzione , ne esistono alcune che benché ragionate a lungo anche per millenni, non hanno figurazione o lo è di difficile realizzo in quanto non hanno ne inizio ne fine .

Tra queste figurano per esempio l'Infinito, il Tempo, **Dio** e così via indipendentemente dalla loro estensione e profondità di immaginazione.

L'uomo ne indaga senza mai possederne appieno, che ne abbia

anche in parte esperienza nella loro brevità per esempio nel caso del tempo, anche in varie altre forme mentali come la contemplazione nel caso specifico di **Dio** .

Come in parte poi, sia difficile anche il comunicare le emozioni che ne scaturiscano, quasi che non esista o si conosca il suono adatto per trasmetterla o al suo svelamento completo :questo è proprio del limite del creato , che mai si svela in completo e non è privo di disagio proprio

" in Infintum "

Si trova tutto al di là di uno spazio disuniforme dove la mente non ha nessun suono o segno che ne distingui e neppure ne tracci il contorno .

Sono incline infatti a pensare che quando l'uomo fa *astrazione* con i suoni e i segni, quindi con pensieri e idee possano nascere e creare confusione ed errori, in   quanto non collegato ad oggetti od esperienze.

Inoltre partendo dalle ragioni proprie, dalle tradizioni proprie e diverse, religioni diverse, luoghi diversi avranno le stesse idee sensi diversi dalle medesime idee originali o del primo pensatore.

Forse è in questa sensazione di infelice condizione di una continua ciclicità del pensiero o della Vita che nacque il simbolo:

UROBORO

tanto caro all'*Alchemia*, agli *Gnostici* e agli *Ermetici*.

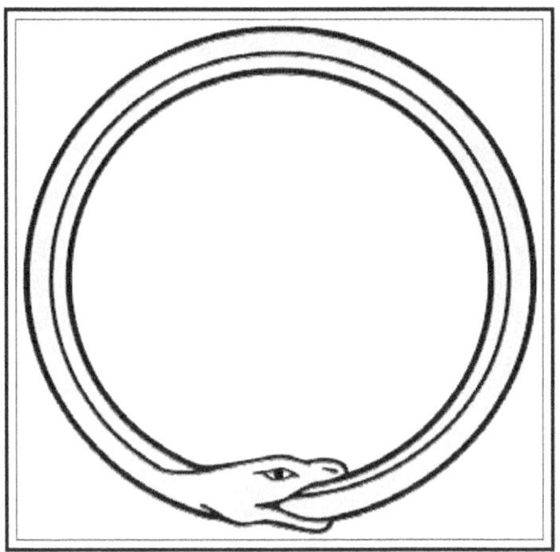

Il simbolo ha questa spiegazione che illustra con sufficienza quella sensazione di impossibilità di raggiungere le risposte : certe e veritiere,

- *parte esterna al simbolo : è ciò che è per noi irraggiungibile*

- *parte interna al simbolo : ciò che è alla portata della nostra esperienza*

- *l'essere limitante (serpente o drago) : noi stessi o l'idea che gira su se stessa senza svelare nulla che non sia già alla portata della nostra esperienza e null'altro.*

Nella nostra entropia si vive girando su se stessi idee e argomentazioni già masticate migliaia e migliaia di volte, superabile solo con il non chiedersi null'altro che il sopravvivere alla propria esistenza senza chiedersi molto altro.

A volte si ha l'impressione che più ci si sforzi di pensare ed indagare in profondità con congetture e idee temporali, meno le si capisca.

Tutto pare veramente astruso e totalmente disperdente nel caos entropico.

Un'idea in tal senso ?

Nel caos entropico il pensiero del Tempo più naturale dell'uomo è il passaggio del Sole e della Luna : producono e fanno il giorno e la notte, e proseguendo ne fanno stagioni più o meno corte e così via.

È un percorso naturale che dà una misura al tempo stesso che trascorre, che passa, che consuma.

Che questo a mia misura valga di più del computo : secondi, minuti, ore ecc t. lo posso sin da ora confermare.

Affermo ciò perché la durata e l'estensione del minimo e cioè di un minuto può cambiare a seconda della situazione personale e del momento specifico; come di un tempo più lungo o più corto di quanto in realtà lo sia.

Sarà parso anche a molti di voi che in certe occasioni il minuto sia trascorso molto lentamente ed in altre occasioni sia trascorso molto o troppo velocemente.

Ciò succede anche per un giorno, ciò dipende dalla nostra idea o emozione del momento stesso.

Anzi sottolineo e lo possa anche postulare, potendo dimostrare attraverso quanto segue se non sia vero :

chiedo ad ogni uno : se non sia già successo anche a voi che la durata di un tempo possa essere diverso da quello calcolato da un orologio rispetto a quello che noi abbiamo percepito in quel medesimo tempo.

E ciò sia diverso dal tempo di evoluzione di Sole o Luna benché essi siano più naturali di quelli stabiliti anche da orologi atomici e quindi i più precisi in assoluto.

Essi infatti sono precisi in sé *e non* del nostro sentire, pensare e creante idee temporanei.

Possiamo quindi desumere da tutto ciò che :

" sono le idee che da la misura e l'estensione del Tempo nel quale viviamo indipendentemente da che sia reale oppure no ".

Come qualsiasi idea passata, che fosse avvenuta o pensata prima del Big Bang oppure ieri, essa esiste in una sospensione temporale inesistente e di difficile posizionamento in un periodo temporale preciso.

Nonostante ciò l'idea o il pensiero rimane sospeso in un tempo inesistente :

|1| (*passato che è inesistente*)

ed esiste comunque e macina altre idee ancora oggi e non più valido.

|2| (*presente continuo nel quale viviamo "l'adesso"*)

con o senza distanze o estensioni del tempo anche oggi e sino al domani, il perpetuo " adesso ".

|3| (*futuro inesistente ma programmabile*)

e sempre valido in quanto probabile.

Tutto questo è una conferma all' idea che ho dell'Infinito o dell'Eternità:

Queste non hanno ne inizio ne fine e quindi non possono avere una durata di qualsiasi genere.

A questo punto anche l'idea di **Dio** ha la stessa valenza di pensiero, ponendo tali Soggetti in un Tempo-Spazio immaginario, sospeso e lontano dal mio essere pensante , materiale e attuale.

Come sia facilmente comprensibile si è potuto constatare che da un'idea iniziale del nostro pensare qui ne ho creato altri, collegandoli in razio e riflessione in altre idee :

tutto è in movimento (Aristotele)

e che io ora qui lo trasmetto tramite dei segni ad altri, che saranno letti e compresi, giudicati e criticati, suscettibili anche di variazione da parte di altre menti in riflessione sulle mie.

Nello stesso modo lo sono per i suoni, in molteplici suoni ogni parola costruisce il pensiero, attraverso l'udito viene interpretato e nella mente verrà " *immaginata e visualizzata* ".

Tutto ciò non solo per le cose palpabili ma anche per quelle idee non palpabili attraverso la propria esperienza , quindi anche idee e concetti astratti che combina anche in silenzio e con la sola riflessione oppure sensazione, ricordo o contemplazione.

Pare ovvio che tutto ciò sia possibile alla sola condizione che la mente abbia la facoltà di ragionare, del giudicare e sopratutto del voler conoscere.

È un grande potere quello delle idee, esistono idee che con la volontà può far iniziare un'azione o interrompere un'azione già in atto, oppure per iniziarne un'altra simile o totalmente diversa.

Potendo anche percepire i risultati anche prima della loro realizzazione o verifica.

Affascinante non credete ?

Avremo poi anche la facoltà di scelta, nei vari orizzonti creati dalle scelte fatte, su idee stesse che ci porteranno a viverle in prima persona.

L'uomo ha il grande dono di :

essere libero di pensare ,

usare le proprie idee e trasmetterle ad altri attraverso suoni e segni : con grande

volizione

mediante la quale si percepisce appunto il fine che si vuole raggiungere , usando tutti i mezzi a disposizione per poterli ottenere.

I mezzi a disposizione sono naturali e hanno il potere di portarci in luoghi molto speciali, alcune volte anche attraverso i desideri che ci accompagnano per tutta la vita terrena.

Il desiderio della felicità ne è uno dei più importanti, benché basti osservare nell'ordinario corso delle cose che, dopo un certo periodo di tempo, le novità o ciò che prima si presupponeva causa di felicità , perdono di freschezza e finiscono per decadere costantemente .

Tutto ciò può essere spiegato, pensato e causato tramite suoni e segni :

" portandoci idee nuove in quel mondo interiore che si pone costantemente domande e soluzioni, specchiarsi nelle proprie inconsistenti realtà esteriori e temporali in una migliore conoscenza di sé ".

(13)

Schopenahuer & i desideri

Temo molto che Schopenahuer abbia avuto ragione nell'affermare che la felicità sia l'assenza totale di ogni desiderio umano, compreso quello della conoscenza.

Il desiderio realizzato fa perdere la sua importanza nel momento nel quale il desiderio venga realizzato, ovviamente con la nascita di altri desideri, da sviluppare e creando malumori e dispiaceri sino a che non se ne realizzi i medesimi.

Il classico serpente (Uroboro) ricomincia a rincorrere la propria coda e tutto ricomincia all'infinito.

Cosicché :

la colpa maggiore dell'uomo sia quella di essere nato dai desideri altrui, al quale verrà data come pena di esser nato : la sua morte, entro un dato tempo e certo .

Questo mondo di questa Vita, sappiamo tutti c'essa non è perfetta ne della migliore giustizia.

E' palese a tutti che sia più l'inferno che il paradiso.

Tra pene, guai e dispiaceri, dominati dal caos , dall'errore e dal caso.

Ci illudiamo dei brevi tratti di gioia e o benessere, ma, se guardassimo con più attenzione noteremmo se dotati di un minimo di empatia, giovani Vite doloranti da malattie crudeli, persone disperate e stremate da eventi drammatici ecc t.

Enucleare tutto ciò dalle proprie posizioni e porle comparabilmente ad altre esistenze pare sia impossibile, se non a Santi Uomini che solitari cercano Dio nel profondo silenzio del mondo come gli eremiti, i quali non hanno desideri speciali.

Per Dogmi se non per Miti, l'uomo ha cercato di interpretarsi: tra la loro Vita e la loro Morte, frammentato da desideri .

Cercando un senso all'inevitabile pena del vivere , rincorrendo la morte in ogni loro attimo, nella quale la propria ragione vive.

Si vive in un attimo, ora o per meglio dire " adesso "......in un continuo adesso.

Passato e futuro sono inesistenti all'infine : non esiste un solo progetto del passato che non sia stato spezzato o modificato in una metamorfosi sconosciuta iniziale.

Cosicché nessuna prossima idea nel futuro verrà coniata in fior di conio ma avranno varianti sconosciute al momento del pensarla, conosciute solo al Fato o dal Destino nel loro epilogo e compimento.

Pare, io credo che in molte occasioni solo il dolore o la disperazione ponga l'Umanità nel personale a conoscere tutte le proprie contraddizioni della Vita , dell'inutilità e vanità dei propri sforzi a migliorarla, accettandola poi in toto con il trascorrere del tempo : qualsiasi essa sia.

Come credo quindi che il cardine principale della Vita sia fondata sul dolore e tutte le sue innumerevoli sconfitte : qui poi mi nasce un'altra domanda " ma è credibile che Dio il Perfetto abbia creato qualcosa che debba soffrire ? "

A che pro e a che peccato debba soffrire già dalla nascita ?

Se riflettiamo bene molte dottrine morali e anche religiose indicano il dolore della Vita come mezzo attraverso il quale l'Uomo si elava a Dio.

Annullandosi o arrendendosi prima della dovuta Morte a ragioni bizzarre e inconsistenti senza l'inedia del libero arbitrio.

A quanto pare anche la libertà è un mistero, così lo affermava anche l'eccelso Malebranche.

Penetrando più a fondo nel concetto poc'anzi espresso, io credo che la libertà sia il regno della conoscenza .

Lo affermò anche Gesù Cristo di Nazzarena :

> "…. la conoscenza vi renderà liberi……"

<u>Nota:</u> San Paolo nell'epistola ai Romani afferma che Dio mandò suo Figlio nella forma della carne del peccato.

Io non credo che ne Lui ne nessuno di noi siamo : carne del peccato.

Detto ciò, nego il fatto che la volontà di generare altra Vita, altra carne sia un peccato , in quanto poniamo un Atto d'Amore in questa Vita di illusoria felicità e gioie e che esso sia il più naturale dei sentimenti.

Il negare la Vita o il sacrificarla per qualsiasi ragione o motivo è un atto di libera volontà personale, in qualsiasi caso e soggiogata dal Saputo Divino, sin dall'inizio di ogni cosa.

Il che vanificherebbe il tentativo umano di pensare di essere l'unico artefice del suo Destino in base ad una propria azione pensando di esser libero e non dolorante.

Infatti l'uomo può' decidere che fare e sul da farsi ma essendo Dio perfetto dovrebbe già sapere di tutte le nostre scelte .

In molte occasioni ho meditato sulla difficoltà e sugli sforzi anche di San Agostino a non far ricadere su Dio la responsabilità di una Vita di miseria e magari anche in assenza di grazia (grazia = conoscenza), in quanto ribadisco che Esso sappia essendo il Completo, il Tutto Perfetto : è l'Unico che ha la posizione del già saputo .

Se togliessimo dal sapere umano il dogma dell'esistenza di Dio, tutto il resto non farà altro che girare in tondo, nel tentativo di conciliare   contraddizioni   senza   risolvere   nulla,   essendo un'insolubile Verità : indarna illusione.

Appare tutto a tratti paradossale e inconciliabile : l'uomo appartiene al regno animale, ma ne è disgiunto da essa per la conoscenza : grazia concessa dal Soffio Divino. Tutto qui secondo me !

Vorrei ora collegare l'esposto sopra con tre semplici parole , che usiamo normalmente ma che secondo la mia , hanno sostanze diverse e conclusioni differenti ed in alcuni casi anche molto metafisiche :

Vuoto → Niente → Nulla

Tutto quanto sinora detto mi porta a pensare che nelle nostre mani abbiamo il <u>Nulla</u> per nessuna delle domande che ci poniamo inerenti a chi è Dio, l'Eternità e l'infinito.

Il Nulla già anticipo del dopo, quel dopo che definiamo con "morte", se non forse la possibilità in qualche modo di essere in presenza del Creatore senza la necessità di sentirci soli in quanto Lui sia il Tutto .

Non concordo con il Sig. Schopenahuer che afferma, che il <u>Nulla</u> sia un concetto relativo, in quanto afferma che si riferisca ad un oggetto, in qualsiasi senso si intenda per oggetto.

A mio avviso il concetto di <u>Nulla</u> dichiara l'assenza, affermando solo la stessa assenza di qualcosa.

Mentre il termine <u>Vuoto</u>, afferma l'assenza di materiali visibili, uno spazio delimitato da altro materiale o sostanza qualsiasi si voglia : tipo un buco nel muro.

 Qui sarebbe d'aiuto J. Locke nel suo peregrinare in specifiche descrizioni, per porre le specifiche esatte del materiali da utilizzare in argomentazioni metafisiche.

Ben certo che il termine <u>" Nulla "</u> , sarebbe posto nel cassetto delle domande senza risposta da J. Locke senza molti preamboli.

Inoltre non concordo neppure con la descrizione di Kant, esso afferma che il <u>" Nulla "</u> sia distinto tra (-) Nilla *Privatium* e (+) *nihil negatium*.

Infatti a mio modo di ragionare il <u>Nulla</u> non può essere ne positivo ne negativo, ma neuro.

Riflettendo bene, sia anche impossibile immaginarlo e senza ipocrisie legarlo a Platone nel suo Sofista :

" .....quelle cose che sono e che hanno rapporti reciproci, "ciò che è" .... " ciò che NON è ".

Il <u>" Nulla "</u> non è rapportabile a niente, non essendo neppure Vuoto e neppure inconsistente, tale e quale all'impossibilità di poterlo rappresentare in qualsiasi modo si voglia : ergo....

 Assenza di spazio, tempo e movimenti, è come un ente inesistente senza volontà alcuna.

Come neppure esista una comparazione di qualcosa di simile, citato dal principio di Empedocle : " il simile viene conosciuto dal simile ".

L'uomo è materia e ragiona immaginando la materia e tutto quanto concerne la sua realtà materiale.

Lugubre e orribile è l'assenza della materia per chiunque.

Beati a questo punto i seguaci di una Religione nel loro Nirvana con i loro annessi e connessi dogmatici molto tranquillizzanti, in quanto concedono la realizzazione del ritorno in sé.

Dunque il <u>" Nulla "</u> è a mio avviso solo un al di là di ogni nostra ragione, pensiero e in conclusione

: Il " *Nulla* " sarà il regno finale di ogni essere umano !

Spogliati finalmente da ogni idea e pensiero, desideri e sogni, incubi e paure; dalla propria idea di materialità e soggiogati dai bisogni continui della Vita.

E' improbabile che in futuro altri uomini trovino soluzioni o descrizioni per oltrepassare quella linea che demarca la Vita dalla Morte e sopratutto l'impossibilità dell'opposto : dalla Morte alla Vita

Così, io personalmente mi affido al Sig. Voltaire nel suo " Il secolo di Luigi XIV " nel quale si esprime così :

.....è privilegio sopratutto del genio, che apre nuove vie commettendo impunemente grandi errori.

Dico ciò perché anche i miei ragionamenti sono esposti all'errore, dati dall'ignorare, non avendo la possibilità della visione del Tutto : limite umano, ma sempre di pronto uso alla disputa.

A volte ci si sente come una formica ai piedi del Duomo di Milano, che potrà vedere se non una piccola, piccolissima parte e ben definita quantità dello stesso Duomo .

Così è l'uomo che davanti a questi concetti come : Dio, Spazio, Tempo, Infinito, Eternità o il Nulla, smarrisce ogni punto di riferimento.

Esse sono materie inconsistenti, ma che sono da noi raggiunti a tentoni nel sentirle dentro, elaborarle dentro di noi e che mai si svelano.

Cercare di ridurre il Tutto al nostro livello è errato di sé già dall'inizio e questo ormai è assodato.

E' nel grande che sta il piccolo di queste domande e non l'opposto, noi siamo il piccolo e ogni comparazione o specifica o altro è errato........ un po' come quella formichina davanti al Duomo di Milano.

La stessa formichina potrà immaginare, ragionare, quindi fantasticare sul Tutto del Duomo di Milano, ma non potrà penetrare tutta la sua forma, il volume, lo spazio, l'ubicazione, le misure, i materiali, i pesi , ecc t. ecc t. ecc t. dello stesso Duomo, non capendo neppure che sia un luogo di preghiera.

Personalmente non trovo neppure nell'esempio delle simmetrie tanto care a Kant, del concetto di " Nulla " : una simmetria con qualcosa d'altro.

Così le intuizioni possono riempire per esempio i concetti di : spazio, tempo ecc t, ma, del " Nulla " no !

Infatti è possibile anche se in misura a noi fattibile, dare per la parola spazio un volume, idem per la parola tempo, benché in esso sia molto relativo.

Del " Nulla " non è possibile, si ha una percezione stretta, è ciò che sta al di là della possibilità di ogni nostra esperienza.

A mio modo di capire neppure nel 5° stadio dell'essere umano (Morte) lo si potrà percepire in quanto non consci e non presenti empiricamente .

In verità, la cosa sta così : il mondo e le nostre esistenze come il " Nulla ", ci si presentano come un infinito enigma.

La differenza cardinale tra i due è che la stessa comprensione del mondo è da ricercarsi fondamentalmente nel mondo stresso, del " Nulla " non abbiamo campo di azione, se non la nostra immaginazione.

Ciò in quanto il " Nulla " non può essere ricercato nel mondo stesso, nel quale facciamo esperienza in ogni nostro attimo di Vita.

Non esiste facoltà umana che ci permetta di rappresentare in qualche modo il " Nulla " , non ha regola alcuna , schema o altra condizione se non parole che per paradosso cercano di darne un'idea : un'idea di " Nulla ".

Forse la sua sostanza sono le parole stesse che stanno in noi stessi ?

E' probabile che nel Creato stesso non esista neppure, sia di certo presente solo nel 5° stadio di tutti i viventi sinché viventi e neppure come fenomeno durante la Vita stessa.

In ultima analisi, sembra scontato che nel mondo oggettivo il " Nulla " non esiste, il suo essere (anche se errato definirlo essere) può essere pensato in astratto senza che avvenga alcuna contraddizione celebrale soggettiva.

L'associazione di termini descrittivi del " Nulla " come: silenzio, buio, ecc t. muoiono al loro nascere, tutto scivola via lasciandoci soli e sospesi all'infinito.

Ricadendo nell'inevitabile tentativo di darne corpo con i nostri sensi, del nostro sentire in noi una specie di sua materialità.

L'obiezione principale mia ora qui è che persino l'idea stessa del " Nulla ", sia una struttura in un certo senso vuota ma esiste in noi comunque.

Tutti gli oggetti e soggetti materiali e immateriali, come per esempio un'idea, esistono in noi allo stesso livello e in uno strato che riveste la realtà che conosciamo ad eccezione ed esclusione del " Nulla " .

Ma l'idea del " Nulla " esiste ed esisterà per ogni creatura cosciente di sé.

Il " Nulla " non esisterà per quelle forme viventi non pensanti, benché ciò, le stesse forme di Vita non pensanti lo riceveranno senza averne nozione.

Pertanto a mio modo di pensare il " Nulla " è un assoluto, sia solo nell'Idea Divina la sua stessa concezione ed essenza.

Per noi uomini è un minutile, che plasmiamo faziosamente e con cura con un'idea di Paradiso o Inferno ecc t.

Il " Nulla " è asintotico e non fatuo questo è certo e assodato.

Le nostre realtà interne ed esterne costituiscono il nostro stesso solipsismo che non può comprendere altro.

L'ignoto ha sempre fatto timore e il baratro del " Nulla " ci domina e ci strappa con violenza dal mondo che conosciamo.

Mondo che benché sotto alcuni aspetti è illusorio, ci è congeniale perché comunque materiale, all'opposto del " Nulla ".

Ecco allora che molti dogmi religiosi prendono forza e divengono ancora di salvezza contro il Nulla con parole simili o uguali al termine Speranza !

La Speranza è la leva di qualsiasi Fede se non di tutte le Fedi : abbellito tutto da condanne o premi in un riconoscimento di un probabile se non impossibile Giustizia Divina.

Qualora qualcuno sollevi il quesito ma Dio, Colui che è completo e quindi perfetto : esiste ?

Io credo di si, ne sono certo, ma pare anche alla condizione che non sia curante dei propri esperimenti.

Rammento da me che sia triste e passibile di solitudine a pensare ciò, ma vorrei chiedermi e quando lo faccio mi sento LIBERO , presupporre che tutto sommato il " Nulla " non sia un male assoluto.

L' indefinito " Nulla " ci possa avvolgere ammesso che sia fattibile e lo è a mio avviso se non oggettivamente di sicuro lo è soggettivamente, e trarci in un infinito " Nulla " : un niente sconfinato ed eterno.

Risultato di uno dei tanti esperimenti di questa dimensione, in questo tempo, ora e senza giustizia celebrale.

Ovviamente a questo punto scade il concetto o dogma che il genere umano sia stato creato a Sua Immagine.

D'altro canto : l'uomo in genere può vivere senza immaginare o pensare di non potersi appoggiare a una Divinità ?

Nasce qui il presupposto che e subito ogni persona di qualsiasi Fede (F = in maiuscola per il rispetto dovuto ad ogni Fede) potrebbe porre discorsi di miracoli o visioni o altro, contrastandolo con supposti stessi, convalidando la Sua esistenza.

Bene, giusto, proprio in sé e per sé, ma in ogni Religione esistono : miracoli, resurrezioni, apparizioni ecc t. e non è caratteristica esclusiva di una sola Religione.

Ciò a mio parere dice una sola cosa : Dio non è conoscibile e non ha scelto un popolo o una regione o una nazione o un pezzo del Suo Creato con preferenza di una rispetto ad un'altra.

Questo è un modo di ragionare umano, non Divino a mio modo di vedere e capire.

Tra l'altro , mi chiesi tempo fa : ma il Sig. Lazzaro quando fu resuscitato da Gesù , il Nazzareno, dopo quanto tempo poi morì ?

Bene , la risposta è : pare dopo qualche anno, esso morì.

Anche qui , nascono altre domande., per esempio : A che servì ?

Alle domande di altri che gli chiesero con tutta probabilità : come era l'al di la al il sig. Lazzaro , che risposta avrebbe potuto dare ?

Nessuna perché era nel <u>" Nulla "</u> !

Lo stresso Lazzaro mori due volte, ritornando per due volte nella Vita , avendo assaporato per due volte la paura nostra propria, del triste dover morire .

Che bene fu per esso ?

Rammento qui una frase della quale io non ricordo chi lo enunciò, che dice all'incirca questo : beati coloro che non chiedono, perché qualora siano esauditi saranno in verità persi !

Semplicemente terribile , l'individualità si scontra non nella moltitudine a noi conosciuta ma al divenire " <u>Nulla</u> ".

La Vita ha regole dure, qui si nasce (2° stadio) in un caos e un Fato predestinato, nel quale a ognuno viene dato un inizio di percorso e nel quale si può migliorare, ma, rimane legata al tempo nel quale respira.

Ciò che oggi è normale, ieri o giù di lì non lo era, come al solito si procede in una via: ci è stata data e non per nostra scelta ovviamente.

Anche perché se dovessimo osservare bene, la normalità non ha parametri se non che la stessa normalità è quello che la maggioranza di una certa quantità di persone lo consideri tale.

Per dirne un esempio : il fatto che Giordano Bruno per esempio sia stato arrostito sul rogo per aver affermato nel giusto o nell'errore ciò che oggi potrebbe al massimo essere considerato una variabile di una opinione, ma allora esso fu ucciso ed era normale così.

Ben pensando che questa Religione come altre si parli di eventuale perdono e di Amore: è un po' triste tutto ciò, quando si vede che sia solo affermato e non applicato.

Prova tu che mi leggi a pensare se oggi non siamo ancora nella stessa condizione e non parlo solo della Religione ?

La risposta migliore che io ho trovato sinora sia questa: qualsiasi Divinità di qualsiasi Fede sia valida e vera in quanto sia la stessa, vuota della Verità assoluta , la quale Verità assoluta è a noi umani sconosciuta , in poche parole Dio è inconoscibile e sempre lontano........Insondabile .

E' la paura o il disordine che crea la necessità di una Religione o di una Divinità.

Sono le necessità , i desideri o il dolore che le tiene in piedi.

Rimanendo ferma la certezza mia dell'esistenza di un Creatore, ma tutte le Divinità cadono su se stesse nel momento che non siano esauditi desideri e bisogni umani, ciò come prova della loro falsità.

Tutto scorre, nell'eternità con probabilità il tempo è un'anomalia e la Vita umana scorre in un Attimo, ci rimane solo la possibilità di dedicarci un tenero sorriso e continuare a sondare le profondità del nostro pensare.

Ben conscio della minaccia costante dell'errore mio, nel vagare in pensieri difficili mi possa perdere, ma so che sono umano e passibile di imperfezione in tutto.

Molte volte appare tutto inutile e piatto, la mancanza di un contatto diretto con il Divino e ci obbliga a ricercarlo in noi stessi.

Osservando il mondo e la propria realtà esterna, sempre alla ricerca di un'ancora di speranza, anche minima, fatta di idee e pensieri, riti e regole.

Dominati e succubi ad altri esseri, altri anch'essi persi nelle loro realtà che scrutano nel profondo della propria umanità una dimora nella quale riposare in pace.

Sottomessi come tanti Don Chisciotte della Mancia , alle proprie e presupposte idee di Felicità e Verità, promesse sempre da altri, andando sovente se non sempre a sbattere contri i nostri stessi mulini a vento.

Persi in un tempo che esiste solo per noi, all'opposto del Creato che ignora il suo passato e futuro , ci rimangono solo i sentimenti come scarto di un calcolo difficile.

A questo punto lo scarto (cioè i sentimenti) divengono quanto di meglio e sicuro ci sia stato dato in questa Vita, avendo forse l'unica caratteristica : che possiamo portarci dopo, sempre che , in quel dopo, avremo il senso di noi stessi in un Nulla infinito.

Ora , in questo momento possiamo solo cercare di abbandonarci con speranza ai desideri e ai progetti, ben consci della loro brevità, fragilità e inconsistenza finale.

Tutto fuso nella propria realtà, collegata con le realtà altrui a più livelli, ove forse la preghiera acquieta, riportandoci alla mente il peccato originale, che _forse_ non fu altro che il solo : " desiderare ".

Impeccabile Friedrich Nietzsche nel suo :

" vivi ogni attimo in modo tale da desiderare di riviverlo "

Non cercando ogni volta di trovare una ragione a ciò che accade dentro e fuori dalla propria esistenza, dove il desiderare alla fine non è altro che sentire la mancanza di qualcosa o di qualcuno.

Anelare, sognare, aspirare, ambire e bramare : tutti sinonimi del desiderare.

Può darsi che il desiderare sia l'unica caratteristica che ci distingue dagli animali.

I bisogni primari ci accomunano agli animali, diviene così l'unica evidente nota di diversità con essi, sia il desiderare, divenendo subito stantio appena concretizzato; pronti all'ennesimo nuovo desiderio sino alla fine ad esclusione di uno che ci appartiene dalla nascita : il desiderio di essere immortali

Pare a me palese che il desiderare in generale sia indissolubilmente legato alla sfera umana, può nascere da fonti diverse e in modo diverso; in una naturale anarchia, anche senza rispetto degli errori precedenti ma dando forse un evidente sostanza o sfumatura propria ad ogni Anima Umana, elaborando i propri contenuti e sogni : non è possibile a mio parere non essere succube del desiderare per l'uomo.

Tutto trascorre in un attimo pieno di desideri, divenendo una fabbrica di sogni, senza garbo saranno abbandonati a sé se non concretizzabili, per e in altri sogni nuovi.

Tali e quali alle Divinità antiche che abbandonate sono state nel momento che non hanno esaudito le richieste o desideri : giuste o ingiuste che fossero.

Non esiste cura se non un sorriso in questa nostra personale realtà a mascherare la nostra fragilità umana , inesteticamente finibile in cenere e polvere.

L' Uroboro ricomincia il suo perpetuo moto, in circolo su se stesso e ci indica un'immagine simile ad un'isola dispersa in un oceano infinito di un _Nulla_ gravido di informazioni a noi mai svelate e senza soluzione di una logica, cosicché possano le allucinazioni dell'ignoranza dissetarci e trovare il mezzo del " non pensarci è meglio " : annullando il nostro pensare con altre soluzioni , il rimirare la Natura nella sua coerenza casualizzante e disorganizzata nel semplice, magnifica nel generico per esempio.

In fondo nessuno ha mai risolto il problema, se problema fosse, dell'esistenza umana, se non con visioni diverse dello stesso dilemma, senza unirne i lati a costruirsene un poliedro comprensibile a tutti.

Neppure l'Arte è mai riuscita con la propria enorme capienza di sensibilità ad approfondirne il dramma, in compenso però permette di far semplici alcune probabili risposte che sono generate in moltitudine da coloro che ne osservino o ascoltino la medesima arte, ciò partendo dai e nei desideri dell'artista per fluirne appunto nei desideri dell'utilizzatore poi.

L'impossibilità di trovare nuovi angoli da cui partire per dirigersi verso il centro delle Verità assolute, diviene anche molto difficile per la probabile assenza di vocaboli nuovi, che attuati ne determino una più profonda visione delle stesse Verità.

La curiosità della Metafisica sta proprio in questo peregrinare in un'assoluta cecità e ignoranza umana; sinora mi pare che siano stati usati sistemi e vocaboli incompleti , ove si siano trovate soluzioni semplici e incomplete con difficili vocaboli.

Tutto ciò sempre al solo margine dei quesiti stessi, senza penetrarne mai il nocciolo.

D'altro canto la materia utilizzabile è quella propria dell'uomo, oltre non sa andare divenendone se non ostica non di meno noiosa in sé, nel suo rigirarsi su se stessa.

Voltaire nel suo *" Discours sur l'home "* afferma :

…, le secret d'etre ennuyeux, c'est de tout dire.

Ma il suo dire " tutto " è anch'esso basato sui vocaboli che sono inefficaci per il desiderio del proseguo indagare nella Metafisica.

Così avviene che la materia della Metafisica sia sempre vista, pensata ed indagata sul grezzo, ben sapendo che all'interno di questa materia grezza esista un diamante perfetto, cioè della conoscenza delle Risposte tanto agognate.

Non ho ne l'ardire ne la pretesa di affermare che il mio pensiero sia risolutivo alle Risposte definitive ed esplicabili, ma, è quanto di meglio ed accessibile mi sia stato dato dai precedenti indagatori sinora giunti a me, un po' masticandole e molto filtrandole con la mia realtà, volontà ed esperienza.

Attraverso essi comunque e il mio desiderio di conoscenza son giunto almeno alle domande stesse e a mio parere non è da poco, ponendomele ed indagandone nella loro Infinità ed Estensione Spirituale.

Il desiderio è una buona fonte quindi a mio giudizio, dalla quale partire, senza meta, girovagando ciecamente in concetti bui, avendo un breve tempo.

Questo tempo di ognuno di noi è un Attimo del Creato : tutto accade con o senza fatalità, nessuna ipotesi parte sulla giusta strada dall'inizio, sopratutto se parte da dogmi umani o dalla storia sempre scritta dai vincitori ; che storia sarebbe se fosse scritta dai perdenti ?

In questo Attimo ci sono concesse molte cose, desideri, realtà diverse, scelte ed opinioni; indagandone tutti gli aspetti possibili : no n sempre e a tratti per tutti.

Cascando spesso sul fenomeno delle rivelazioni (sempre e solo umane) sul Divino Pensare, cercando con esse di dare speranze in risposte che non potranno mai qui darci la necessaria sicurezza che siano vere.

Abbiamo il diritto di pensare che non sia il dolore ad essere il baricentro di ogni Vita umana, ma il suo sorridere alla Vita, sopratutto nell'*ultimo* sorriso prima di attraversare il confine stesso della propria Vita e trovarci nel Nulla , Eterno, Infinito e assoluto.

Con la costante paura di non aver fatto e indagato molto in quel breve, brevissimo tempo concessoci, dove tutto è per noi incerte TUTTO è accaduto .

Quel che rimane della Vita propria, *qui,* non ha proprio nessun valore nella prossima Vita *là* ..

Conscio che sia probabilmente vero il vecchio detto " esistono più cose in cielo che in terra " dia sempre più forza alla ricerca delle Verità assolute, così come l'ultimo desiderio e lo ribadirò in continuazione, forse un po' romantico e tenero, sia :

sempre il dedicarci un ultimo sorriso a noi stessi

14

<u>Dell'Arte</u>

Vorrei partire parlando dell'Arte , da quello che sopra ogni evidenza e con prova da un esempio a me caro per iniziare a ragionare su un fenomeno straordinario.

Il fenomeno di cui parlo è una specie di miracolo , un feto umano nel pancione della Sua Mamma : unica sua Mamma, insostituibile nelle maggiori delle ipotesi a nessun'altra donna.

Esso appena generato, è una parte di una femmina e una parte un maschio , incominciando a connettersi tra i lori geni e questa piccolissima massa inizi a dividersi a ritmo incredibile in : 2 in 4 in 8 in 16 in 32 in 64 in 128 in 256 in 512 in 1024 in 2048 ecc t. sino poi a migliardi e miliardi di parti.

Badate che ogni parte poi, benché di stessa sostanza si auto appropri generandosi di caratteristiche tipo : cuore, fegato, polmoni ecc t. partendo inizialmente da una primitiva colonna vertebrale collegata a un primitivo cervello e subito dopo da un cuore.....ecc t.

Nel mentre che succeda ciò' e fino ad un certo periodo di gestazione (a me piace pensare con l'immagine di una costruzione di carne che si autogestisce da sé senza saperlo, ma per una forza ....oscura ancora al nostro pensare umano), sia quella che divenga femmina o maschio ad un certo punto benché siano la stessa massa pulsante iniziale.

Ciò causerà una diversificazione : maschio o femmina definitivamente , rispondendo a determinati comandi genetici già insiti nella sua primordialità.

Detto ciò e a premessa del seguito qui mio pensare , questa creatura sino all'ultimo minuto nel grembo di sua Madre : *ESISTE SENZA SAPERLO,* incredibile .

Benché possa sembra logico e sensato, vorrei far presente che è proprio sotto questo aspetto semplice e logico che giocherò il mio seguire pensiero sull'Arte.

Infatti il feto vive, sopravvive e non sa ancora di essere qualcosa, non ha conoscenza di nessuna realtà, pensiero e nessun desiderio.

Do per scontato che sia stato già' Pensato dal Pensiero di Sé e cioè di Dio, ma, il feto non ne ha minimamente idea di nulla in un NULLA assoluto.

In un certo modo è come saremo nell'aldi là, vivi e non consci ma immersi in un NULLA assoluto, forse vicino a quel Pensiero che ha Creato il Tutto.

Nel suo mentre il feto umano , qui ora nel suo tempo, quindi NON sa persino che esiste (assenza della coscienza di sé) ma esiste fisicamente, potrei quasi immaginarlo in una specie di sospensione , che da una parte vive per una combinazione chimica ecc t. e dall'altra non ha proprio nessuna Idea di sé.

Non sa ragionare e che nascendo attraverserà un confine fatto da realtà, fenomeni, catapultato in una dimensione temporale tutta sua ; innestandosi in una dimensione di tempo già esistente per molti altri, in altre realtà tutte collegate tra loro, controllate da leggi e tradizioni combinate a caso dal luogo, dall'epoca, dalle condizioni sociali ed economiche di padre e madre, ecc t.

Mi si perdoni l'eccessivo uso dell'eccetera, ma è quasi d'obbligo considerando le innumerevoli variabili delle casistiche stesse del Fato e poi in un tempo successivo del Destino, hai quali per un verso o per l'altro tutti siamo succubi e schiavi a secondo da chi , dove e in che epoca nasciamo, indipendentemente dalle nostre capacità comportamentali che in un minimo (concedetemelo) ci viene dato dalla genetica e dalle capacità di ognuno.

Successivamente poi , conglobando le nostre esperienze e capacità con quanto sinora detto, costruire il NOI stessi, qual siamo e saremo per questo breve e lasso di Tempo concessoci (il dire Attimo mio).

Tutto quanto esposto in queste due pagine mi è servito per portare il discorso in una semplice e banale (forse) idea che sia possibile ESISTE senza saperlo.

Posso a questo punto affermare , che sia probabile che la realtà a cui apparteniamo, ogni uno di noi, sia una mera illusione di contatti celebrali e null'altro ?

Infatti da un esistere senza saperlo del feto, e cioè dalla nascita, siamo vestiti da fenomeni altrui in una propria realtà e con essa si costruisca la propria realtà.

Tutto ciò sia forse falso ?

In parole povere : dal non sapere di esistere ma solo vivere (feto) che diversità o che cosa sia quella cosa che cambia prendendo in sé l'idea di umano che pensa e ragiona ?

Cartesio dovrebbe essere ovviamente la risposta, con il suo :

<u>cogito ergo sum</u>

mentre San Agostino avrebbe detto :

<u>Si fallor sum</u>

Entrambe e molte altre simili affermazioni di altri mirabili umani, parlano anche in questo modo del fatto di pensare e auto determinazione del proprio Sentire rispetto e in accordanza del proprio Sentirsi e Pensare rispetto alle realtà e alla propria realtà che sente in sé.

Potremo dirla alla formula di Kant e cioè : Volontà ecc t.

Potremmo osservarla da un'angolazione Hegeliana o di Schopernhauer, semplificando sempre più con Aristotele ecc t. ma il risultato è sempre basato sul pensare di questa Vita che forse è una mera e totale illusione.

Qui il discorso potrebbe prendere molte strade e tutte a mio parere molto interessanti, ma mi preme ora l'aspetto di quella cosa meravigliosa e credo PURA dell'Arte facendo leva su questi contatti celebrali che fanno scattare l'Idea, il raffinato presentare nel proprio sé interno con il migliore del virtuosismo umano : l'illusione fredda di qualche contatto elettrico celebrale che rende possibile una realtà generica e generale, ma, vera nella nostra illusoria realtà e questo é una certezza mia.

Con proprie regole in continua variazione di sé stessa, indipendente nella maggior parte delle volte a sé stessa ma di altri e cioè, di altre realtà della stessa sostanza illusoria in una realtà generale illusoria di sé stessa , per e nel suo costituirsi come risultato finale continuo.

A questo punto si potrà bene percepire che le nostre realtà sia false : abbiamo già visto che sia vero l'essere vivo ma non aver coscienza di sé, benché ciò nelle nostre realtà noi e attraverso delle esperienze in primis e poi per volontà e per desideri avvenga che sia necessario combattere attraverso una grande ed oscura forza, anche irrazionale a una perenne insoddisfazione e mancanza di risposte a molte domande senza mai alcuna risposta.

Questa insoddisfazione e molte altre è una delle radici che per frutto può porta all'Arte a mio avviso.

Questo fenomeno di derivazione kantiana è inopinabile, rende l'uomo passibile di dolore e senza il potere di fronte ad esso di reagire non avendo un soggetto a cui dar colpe se non al proprio vivere : la propria realtà.

Senza possibilità di superlarlo e neppure di prendere delle posizioni specifiche in qualche modo.

Tutto ciò accade nel momento che si prende atto di sé nella propria realtà rispetto alle realtà altrui e nella realtà generale e suprema del mondo.

Questa specie di universale autenticazione di sé stessi respinge ogni altro fenomeno o realtà altrui se non anche alla propria , ma alla sua fine stessa.

Scollegata da qualsiasi oggetto o fenomeno del mondo se non per le proprie idee e quindi rimpossessandosi di quel essere vivo senza saperlo in un certo dire.

È attraverso l'estetica inzuppata alcune volte anche di etica, che l'oggetto o il fenomeno, si estrania dal mondo estrapolandolo dal mondo stesso in tutte le sue sfacettature e realtà.

È un grande concetto questo e lo definirei il farsi sé stesso, del pensare idea umana, sommata alla cultura vigente in ogni periodo storico umano, sopratutto nel proprio periodo temporale Umano, che porta alla libertà di uno scollamento totale del mondo stesso : come in un feto.

Mi è doveroso specificare che al termine libertà do una specie di quel sentire una canzone che ci emoziona, quel guardare una scultura e ci fa perdere cognizione del tempo, quella storia o dipinto che ci annulla, anche solo per un attimo ecc t.

Vincent van Gogh per prendere un esempio, a mio modo di vedere, le sue migliori opere furono fatte nel momento in cui era feto rispetto all'essere uomo, entrambi immersi nella stessa realtà illusoria di sé.

L'intuizione mia è che a questo punto , l'umano pensare sua realtà, rispetto a tutte le altre realtà , ad una specie di esaltazione massima del sentire Amore per esempio .

L'Amore fa parte di due mondi o realtà diverse : in sé stessi tanto diversi e cioè della Natura e dell'Arte , ma accomunati o inseriti entrambe in una frazione di realtà del mondo reale e illusorio allo stesso tempo.

In parole povere : facenti parte della realtà generale della Vita Umana , non uguali o simili ma collegati indissolubilmente e in forte contrasto nelle loro realtà e quindi tra di loro.

Infatti l'Arte permette di dimenticarsi, anche per poco del mondo stesso, dai suoi affanni e per poco tempo si è in quiete assoluta.

È per me motivo di grande esaltazione e d'ispirazione, è un privilegio concesso solo all'umanità , forse per ora : il fare e sentire l'Arte......

Una specie di incantesimo, si è trasportati in una specie di giardino senza tempo-spazio , imperturbabile, staccato da tutto il mondo, staccato dalla coscienza e conoscenza : come in un grembo Materno.

Parrebbe un distacco totale, ma non lo è totale in quanto la sua materia è quella del mondo e delle sue realtà, delle proprie esperienze e desideri, lì a pronto uso appena nati.

Queste realtà conosciute poi, in seguito al proprio crescere in quella realtà e fenomeno che è il crescere dopo la nascita.

L'Arte permette alla fine un giudicare tutte le condizioni fenomeniche delle necessità materiali, è al livello più alto dell'evoluzione Spirituale umana : la parte migliore del genere Umano per conseguenza.

Plotino nel suo " _Trattato del Bello_ " affermò :

la bellezza porta l'uomo ad attuare dentro di sé l'Arte, a prescindere dell'Arte stessa appunto.

In un'altro modo di vedere San Tommaso , con migliore equilibrio e facente capo ai termini :

" Prudentia e il Facere "

afferma la stessa cosa.

Hanno il potere e la capacità di modificare il mondo esterno (realtà del Mondo esterno) facente capo all'Ars.

Divenendo anche un'attività autonoma del meccanismo di nome : morale.

In una tesi sull'estetica , Kant convalida all'Arte un carattere disinteressato al tutto esterno di sé e della propria realtà.

Hegel, nella sue " *Lezioni di estetica* ", mettendola nell'ambito dello Spirito assoluto, fa sciogliere l'Arte nella Religione e nella Filosofia, ma appunto per ciò entrambe riguardando il " qui, ora , l'adesso " nell'idea del pensare, nella propria realtà, rispetto al fuori e al dopo.

Di nuovo, Schopenahuer vide nell'Arte, quindi nel pensiero o l'idea contemplativa, una possibilità di riscatto dalla schiavitù della volontà.

È attraverso il Gentile *" Filosofia dell'Arte "* afferma che l'Arte si concretizza nel sentimento come <u>fonte</u> dell'estetica.

Nel mondo dell'Arte o per dire nella realtà dell'Arte, l'Artista riesce a realizzare sempre il suo fine e cioè di sottrarre l'oggetto del suo pensare, vedere, sentire, ascoltare e toccare al flusso che domina tutte le altre realtà in toto, arrestando anche il tempo.

L'esperienza come la scienza è avulsa all'Arte se non nel puro e solo senso della tecnica o del metodo utilizzato : Forse.

Così avviene che l'Arte ha anche il potere della comunicazione di una conoscenza del sentire altro.

Si avrà così la possibilità di passare oltre l'oggetto o idea o fenomeno che abbia colpito la fantasia dell'Artista.

E non è detto poi che ciò che sente sia la forma esatta o la natura stessa dell'oggetto che ne abbia causato l'idea interiore.

Come, accogliere in sé delle relazioni tra le cose rappresentandone solo le stesse relazioni e non ciò a cui appartengono..

Così può avvenire che attraverso l'Ars ci si sforzi di cercare di capire ogni idea sensibile allo Spirito , senza seguire il principio della Ragione.

L'ispirazione quindi, il suo significato credo sia illuminante : un'attività diversa di un individuo ,diverso dallo stesso individuo illuminato.

L'adattamento per quanto appena affermato assomiglia molto al poter pensare che l'Arte sia la forma più vicina e concessa da Dio all'uomo, a quel feto che vive senza averne cognizione e quindi libero dai vizi del mondo.

Attraverso le passioni, l'interpretarne il giogo delle sofferenze e del dolore del mondo, l'estraniarsi, si giunge con facilità ad un'altra specie di aspetto e cioè " la follia" , che come una densa nebbia circondi l'Arte.

Non è forse vero che si afferma anche oggi, che coloro che possiedono una vena artistica sia anche un pochino folle ?

Alcuni scrittori hanno asserito che in un senso o per un altro , un motivo o per un'altro, i folli sono in qualche modo disgiunti dal normale sentire e interpretare la Vita tutta, quasi   relazionarla ad un vuoto tutt'intorno estraniandola così dal normale e legandola al suo solo essere umano speciale.

Perché vedono oltre, sentono oltre le cose stesse tutte che tutti vedono e sentono, cosi sia possibile vedere il mondo con gli occhi e le idee sue : disgiunte dal mondo stesso tutto, in una specie di lume proprio.

Da sempre la luce e non solo del fuoco e del suo calore ha infuso nell'umanità il senso più accogliente dello stesso Spirito umano.

In qualche grotta, di un posto qualsiasi, perso in un tempo-spazio lontanissimo come la preistoria, un ominide avrà interpretato le ombre sinuose, ondulanti e danzanti causate dal focolare ,parlare dentro, dando emozioni.

Quelle emozioni erano staccate dall' oggettività stessa sua di ombra impalpabile, divenendone pensiero e idea.

Traendone anche piacere estetico ovviamente in modo soggettivo, nello scorrere magari dell'ombra sulle pareti disconnesse e non liscie, sino a vedere altro con sentire piacevole bellezza o amaro timore.

Ciò non è detto che in certe occasioni, le stesse cose di allora non susciti ancor oggi le medesime sensazioni, così come l'utilizzo di nuovi metodi espressivi d'oggi, le stesse sensazioni di allora diano significati del sentire dentro : diversi o uguali, con risultati vergini anche oggi della stessa situazione.

Trasformate e Formalizzate oggettivamente in modo

autonomo attraverso il pensiero dell'artista con rappresentazioni sempre nuove, perché prole di un'altro sentire in un altro tempo e con l'aiuto delle precedenti visioni di altri Artisti, raggiungere il valore unico di quell'interpretare il fuori.

Questo avverrà in vari modi concretizzato, per il musicista in suoni, ritmi ; per lo sculture togliere la scorza da un masso sino a far uscire a forza di scalpellini la statua; con penna e inchiostro o personal c. lo scrittore o poeta fluidificando con rime il loro sentire; ecc t.

Qui diventa affascinante l'incredibile : questo modo di sentire può' poi nella maggior parte dei casi , essere compreso da tutti senza traduzione di lingua o parlata.

E' forse nel 19° secolo che con l'Arte astratta sia necessario una specifica descrizione e non sempre vera, di che una scultura o un dipingo voglia dire :

<u>che significato ha quell'opera ?</u>

Consapevole che alcuni quadri d'Arte moderna tipo il cubismo di Pablo Picasso o del meraviglioso mondo di Salvador Dalì, siano bellissimi e donanti forti sentimenti di attrazione Spirituale e godimento interiore, si ha sempre la necessità di una traduzione di qualcun altro che spieghi l'opera e l'autore.

Ciò però il più delle volte per vedere quest'arte con i propri occhi e attraverso gli occhi dell'Artista, ci vogliano troppe parole, in caso contrario il nostro sentire sarà diverso da quello dell'Autore : a mio umile parere.

Benché ciò, avrà comunque in noi elevato a qualche livello più alto, più puro, più lieto come il silenzio di un museo, fermi davanti ad un quadro in una totale consolazione spirituale .

Una consolazione forse cercata per l' esser stati strappati da un vivere senza saperlo , ad una Vita che si conosce per e in una realtà che e' passeggera e ben consci di quanto sia difficile tutta questa costruzione, fatta da contatti celebrali che celebrano la loro finta forza di Eternità : certa e vera, come una vera bugia.

Questo a mio avviso è una delle tante visioni e interpretazioni di considerare la Vita attraverso l'Arte , in una dinamica che non ha frontiere alcune.

È stato piacevole comunque leggere in tal senso e nel libro *" la lunga avventura dell'Arte "* di V. Sgarbi, un passo nel quale si afferma che benché esistano degli Artisti che fanno punto di riferimento ad un'epoca o corrente artistica, le stesse opere possano nascere da loro attraverso le ceneri di precedenti e quasi sconosciuti altri occhi.

Quasi dal mio punto di vista in un turbinio continuo di onde che avanzano nel tempo umano da quelle ombre nella caverna, da quelle impronte di mani sulla roccia, sino a noi senza discontinuità alcuna.

Sconfinatamente cosparso di desideri, che con poca voglia nessuno di noi vuole abbandonare.

Cercando sempre il ventre che ci possa proteggere con

un piccolo costo : il non saper d'esser vivi in ogni nostro presente continuo.

Questa è la mia visione , che va oltre il normale sentire comune , il vedere l'oggetto in sé, ma va oltre e cioè diviene **<u>Arte e il suo Mondo.</u>**

L'Arte la parte più pura ed esaltante del nostro star qui e a mio modo di vedere dev'essere trattata con gentilezza se non con rispetto: sempre, ora, in questo momento continuo ; perchè Essa come la Vita di cui ne fa parte é sempre troppo presto finibile e in un Nulla.

L'Arte in ogni suo aspetto permette all'Uomo di rimanere nella sua stessa Storia Umana e dentro la sua generale realtà : vera o illusoria che sia.

Essendo certo che sarà l'unica cosa visibile benchè fragile come una bolla di sapone, dell'Umano sentirsi e interpretarsi di continuo.

Fluibile da tutti : ricchi e poveri, ignoranti o sapienti, purchè siano uomini e sopratutto siano curiosi, ponenti al ricercare le proprie Risposte alle Grandi e proprie Domande , *senza paura del risultato* della Grazia e cioè *della Conoscenza* , a qualsiasi risultato Esse ci possano portare, senza nessuna albagia, come vanità o boria, caratteristiche prettamente umane .

Alla fine considero l'assenza d'interesse all'indagare umano sulle Domande, come un leggero disdoro, con una grande perdita alla fine di quel che è la Vita stessa.

La Vita sovente come vista da noi umani è e rimane una

incredibile avventura che si sviluppa in coordinate come tempo, spazio, desideri , volontà ed esperienze, in una costante condizione di caos e disordine, altri fattori non direttamente gestite dalle nostre volontà stesse nostre.

Cosi avviene che siamo conglobati in un costante fissa, l' avvicinarsi al proprio clinale e senza ironia mia, rimanere succubi di doveri all'opposto del Feto che vive senza nulla sapere o desiderare di vedere oltre qualcosa che non conosce come l'Arte o il concetto di nome Dio.

Il Feto è un'entità _vera_ e _pura_, nella quale sua realtà è a sé stessa sconosciuta, il fatto stesso è un fatto incredibilmente meraviglioso in quanto conosciuta da altre realtà ad esclusione di sé stessa.

Questo stadio di esser stati Feti, con la nascita diviene un mondo a noi sconosciuto, senza memoria propria, odori, colori e pensieri.

Le caratteristiche proprie di quello stadio di Vita gli vengono imbastite poi nel vivere quotidiano e solo attraverso _l'Ars_ sia riconducibile al fatto e stadio stesso, un esser oltre le cose stesse di questo ulteriore stadio e cioè **la Vita**.

Interpretare la propria realtà senza ostacoli, calcolarla senza regole in contrapposizione anche a tutte le altre regole e realtà, senza condizioni alcune, con o senza esperienza se non tecnica di esposizione e finalità .

Come in una visione che noi pressumiamo da Feto , in un mondo fetale : puro e privo di scorie.

Potendo esprimere in esso e attraverso esso, l'intimità di quel Soffio Divino (ànemos) , l'Essenza del riconoscersi uomini, dal di dentro suo anche in " spiche " e quindi anche con un certo grado di fisicità propria.

Il grande Virgilio defini la morte come il soffio che abbandona il corpo, avente una consistenza tipica del fumo.

Viva si, ma incapace di esplicare la sua energia vivificatrice, come le ombre del fuoco sulle pareti della caverna preistorica.

L'Arte è l'Anima di questa Vita, l'interpretare il nostro pensare, credere e sperare.

Sergio Valota

Per un verso o per l'altro questi Soggetti sono fonte del mio Pensare & Credere

Al Geniale Architetto chiamato **Dio**

. Stella Valota - Seneca - Caravaggio M. Merisi -

- Maria Zinesi e d Egidio Valota - Gesù Cristo - Aristotele –

- Kant E. – A. Schopenhauer - Nietzsche – Cartesio R.– Lorenz – Stephen Hawking -

- J. Locke – Socrate - Platone – M. De Santoy – S. Freud - Einstein – Hegel – Cullmann –

- Rahne - Boros – Mell Brooks - Gödel – Newton – Galileo Galilei – Abelardo - Democrito –

- Manilia L. - Plotino – Leonardo da Vinci - Tommaso D' A . - Bacone – Ermete – Eliot - Hume-

- G. Leopardi - Pico della Mirandola – C. Darwin - Heisemberg – Erasmo da Rotterdam - P . Tobias -

- Leibniz – G. Berkeley – S. Antonio – S.Bernardo – Mosè – S . Giuseppe & SS. Maria - S.Benedetto-

- Padri del Deserto - Huxley – T. Hyde – Senofonte – Dante Alighieri – Spinoza- Euclide -

- Giobbe – Plutarco – Heidegger – S.Matteo – Stoici – E.Erdmann– Fibonacci - Pitagora -

- A. Manzoni - Jung C .G – H. Hesse – Sig. Ernesto – Pacioli – Euleo – E. Montale -

- Nonni : Zinesi Andrea & Mazzola Domenica - Riemann – Giordano B. -

- Nonni : Manzoni Natalina & Valota Giuseppe - Goethe – V. Sgarbi -

- Giada G. & Marco A. Valota – Michel de Montaigne -

- Cesare Pavese - Archimede - E. Bombieri -

- Origene - Bisnonno : Zinesi Piero –

- Voltaire – Jacques De Molay -

- Sant Agostino d ' Ippona -

- Kaos & Ordine-

- G. G. Byron-

prima Edizione MMXV

Titolo | In un Attimo e con un Sorriso
Autore | Sergio Valota

ISBN | 978-88-91195-03-6

Youcanprint Self-Publishing
Via Roma, 73 - 73039 Tricase (LE) - Italy
www.youcanprint.it
info@youcanprint.it
Facebook: facebook.com/youcanprint.it
Twitter: twitter.com/youcanprintit

Finito di stampare nel mese di Giugno 2015
per conto di Youcanprint *Self - Publishing*